"Twenty years from now you will be more disappointed by the things that you didn't do than by the ones you did do. So throw off the bowlines. Sail away from the safe harbor. Catch the trade winds in your sails.

Explore. Dream. Discover."

- Mark Twain

Für meinen Opa, der mir schon früh
die Schönheit der Natur näher brachte.
R.I.P.

Vorwort

2011 kam ich das erste Mal nach Patagonien und es war Liebe auf den ersten Blick. Die Weite, die wilde Landschaft und die unberührte Natur haben mich sofort in ihren Bann gezogen und immer wieder zurückkehren lassen. Mittlerweile habe ich die Region fünfmal bereist und dabei entdecke ich immer wieder Neues.

Durch viele Gespräche und E-Mails von meinen Blog-Lesern weiß ich, wie schwer die Planung und Vorbereitung einer Patagonien-Reise sein kann.

In diesem Patagonien Reiseführer möchte ich dich kompakt, aber ausführlich auf deine Reise nach Patagonien vorbereiten. Du erfährst, wie du Patagonien bereist und welche Orte du auf keinen Fall verpassen darfst. Ich gebe dir Informationen über die Sehenswürdigkeiten, Reiserouten, Grenzüberschreitungen, Unterkünfte und du findest einen extra großen Teil über den Torres del Paine Nationalpark, der zu den absoluten Highlights Patagoniens gehört.

Ich wünsche dir nun viel Spaß beim lesen, planen und hoffentlich bald in Patagonien!

Dein Daniel

Patagonien umfasst den gesamten südlichen Teil von Argentinien & Chile. Mit einer Fläche von etwa 1.043.000 km² bildet es ein riesiges Gebiet, das sich südlich vom 37. bis 51. Breitengrad erstreckt. Es wird vom Pazifik im Westen, dem Rio Colorado (Argentinien) und Rio Bio Bio (Chile) im Norden, dem Atlantischen Ozean im Osten und der Meerenge von Magellan im Süden begrenzt.

1. Warum nach Patagonien reisen..........................08

2. Reisezeit...12
   2.1 Sommer..13
   2.2 Frühling & Herbst...................................16
   2.3 Winter..16

3. Wie man nach Patagonien kommt........................18
   3.1 Anreise in den chilenischen Teil
      Patagoniens...19
   3.2 Mit dem Flugzeug in den
      chilenischen Teil Patagoniens...................20
   3.3 Mit dem Bus in den chilenischen
      Teil Patagoniens...................................24
   3.4 Mit dem Schiff in den chilenischen
      Teil Patagoniens...................................25
   3.5 Der argentinische Teil
      Patagoniens..27
   3.6 Mit dem Flugzeug in den
      argentinischen Teil Patagoniens...............28
   3.7 Mit dem Bus in den argentinischen
      Teil Patagoniens...................................30

4. Reisen in Patagonien..................................32
   4.1 Mit dem Bus in Chile...............................33
   4.2. Mit dem Schiff in Chile..........................34
   4.3 Mit dem Mietwagen oder
      Campervan in Chile...............................40
   4.4 Mit dem Bus in Argentinien.....................45
   4.5 Mit dem Flugzeug in Argentinien..............46
   4.6 Mit dem Zug in Argentinien....................46

5. Roadtrip in Patagonien...............................48
   5.1 Roadtrip auf der Carretera Austral...........50

5.2 Roadtrip auf der Ruta 40............ 54

6. Grenzüberschreitung zwischen Chile & Argentinien............ 60

7. Patagonien Reiserouten............ 62
   7.1 Reiseroute #1 - W-Trail............ 63
   7.2 Reiseroute #2 - Perito Moreno Gletscher & Los Glaciares Nationalpark............ 64
   7.3 Reiseroute #3 - Carretera Austral............ 69
   7.4 Reiseroute #4 - Patagonien total............ 78

8. Was kostet eine Reise nach Patagonien?............ 85

9. Die Highlights Patagoniens............ 88
   9.1 Torres del Paine Nationalpark............ 89
   9.2 Los Glaciares Nationalpark............ 90
   9.3 Tierra del Fuego Nationalpark............ 92
   9.4 Queulat Nationalpark............ 94
   9.5 Pumalin Nationalpark............ 98
   9.6 Cerro Castillo Nationalpark............ 104
   9.7 Patagonia Nationalpark............ 108
   9.8 Perito Moreno Gletscher............ 110
   9.9 Villa O'Higgins............ 111
   9.10 Capillas de Mármol............ 113
   9.11 Caleta Tortel............ 115
   9.12 Puerto Williams............ 115
   9.13 Futaleufú............ 118
   9.14 Cueva de las Manos............ 119
   9.15 Isla Magdalena............ 122
   9.16 Ushuaia............ 123

10. Torres del Paine Nationalpark..........126
   10.1 Anreise..........128
   10.2 Vorbereitung auf das Trekking..........129
   10.3 Parkeingänge..........132
   10.4 Eintritt..........132
   10.5 Reisezeit..........134
   10.6 Trekking-Tipps..........135
   10.7 Campingplätze buchen..........141
   10.8 W-Trail..........145
   10.9 W-Trail Kosten..........149
   10.10 W-Trail Wanderung..........152
   10.11 O-Trail Wanderung..........157

11. Übernachtungsmöglichkeiten..........167
   11.1 Camping..........169
   11.2 Hostales & Residenciales..........170
   11.3 Cabañas..........170
   11.4 Hostels..........171
   11.5 B&B / Hotels..........172
   11.6 Lodges..........172

12. Verpflegung
   12.1 Supermärkte..........174
   12.2 Selbstverpflegung..........175
   12.3 Restaurants..........175

13. Geld & Geldwechsel..........177
   13.1 Geldautomaten in Patagonien..........178
   13.2 Geldwechsel in Patagonien..........179

14. Packliste für Patagonien..........180
   14.1 Trekkingausrüstung..........181
   14.2 Kleidung..........184
   14.3 Versorgung..........185
   14.4 Hygiene & Reiseapotheke..........186
   14.5 Technik..........187

1
WARUM NACH PATAGONIEN REISEN?

Patagonien ist ein wahres Naturparadies.

Im chilenischen Teil von Patagonien gibt es nicht nur die inzwischen weltberühmten Wanderwege des Torres del Paine Nationalparks, sondern auch der Los Glaciares Nationalpark über die Grenze hinweg in Argentinien wird immer beliebter, zumal die Besucherzahlen im chilenischen Nationalpark jedes Jahr stark ansteigen und so immer mehr Reisende in die Region kommen.

Aber Patagonien hat noch mehr zu bieten. Atemberaubende Roadtrip Erfahrungen, entweder entlang der Carretera Austral (Chile), durch die Wildnis von Feuerland oder die Ruta 40 (Argentinien) sind ebenso unvergessliche Erlebnisse.

Trampen ist eine weitere Möglichkeit, Patagonien nicht nur preiswert zu erkunden, sondern bietet auch unvergleichliche Möglichkeiten, mit der lokalen Bevölkerung in Kontakt zu kommen. Die Menschen in diesem Teil Südamerikas sind besonders freundlich und hilfsbereit.

Aber egal, ob mit dem Auto, Fahrrad oder per Anhalter unterwegs bist - Patagonien wird dich schnell in seinen Bann ziehen.

In einer Region, die so abgelegen und von der Hektik der Großstädte entfernt ist, ist das Leben einfach, aber einzigartig.

Tauche auf zahlreichen Wanderwegen und beim Besuch der vielen Nationalparks tief in die Natur ein und erlebe die Weite, Wildnis und Einsamkeit.

Patagonien ist Heimat einer vielfältigen Tierwelt, wie 26 Säugetierarten und über 100 Vogelarten, sowie einer einzigartigen Flora wie dem mächtigen Alerce-Baum (patagonische Zypresse), eine der ältesten Baumarten der Welt. Während der Westen Patagoniens grün und reich an südlichem Regenwald ist, geht das Land Richtung Osten in patagonische Steppe über, einem weitem, teilweise wüstenähnlichen Grasland mit vereinzelten Hügeln und Tafelbergen.

Tiere, die man in Patagonien sehen kann, sind Puma, Füchse, Guanacos, Emus, Kondor und zwei Arten von Hirschen - Pudu (kleinste Hirschart der Welt) und Huemul. An der Küste kannst du Seewölfe, Pinguine, Robben, Komorane, Delfine mit etwas Glück Wale beobachten.

Ein lokales Sprichwort, "El que se apura en la Patagonia, pierde el tiempo", fasst alles zusammen, was man über Patagonien wissen muss: "Wer in Patagonien hetzt, verliert Zeit".

2
REISEZEIT

Die beste Zeit für einen Besuch in Patagonien zu finden, kann sich als knifflige Aufgabe erweisen. Patagonien erstreckt sich nämlich über eine Million Quadratkilometer über zwei Länder (Argentinien und Chile) und ist sowohl klimatisch als auch in den faszinierenden Landschaften sehr vielfältig.

Die beste Zeit für einen Besuch in einer so riesigen Region (dreimal so groß wie Deutschland) hängt stark davon ab, welche Art von Erlebnis du suchst, welche spezifischen Highlights du erleben möchtest und natürlich deine Toleranz gegenüber extremen Wetterbedingungen.

Das Wichtigste bei der Planung einer Reise nach Patagonien ist, dass man angesichts der Unvorhersehbarkeit des Wetters im Süden immer für alle Eventualitäten packen sollte, egal zu welcher Jahreszeit man die Region besucht.

2.1 Der Patagonische Sommer: November - März

Generell ist die beste Zeit für einen Besuch Patagoniens in den südlichen Sommermonaten, zwischen Mitte November und Ende März. Diese Monate bieten ideale Bedingungen für ausgedehnte Trekkingtouren zu Sehenswürdigkeiten wie Torres del Paine Nationalpark, Perito Moreno-Gletscher und Feuerland (Tierra del Fuego).

Im Sommer kann man tagsüber mit Höchsttemperaturen von etwa 20 °C und nachts mit Tiefsttemperaturen von um die 10 °C rechnen, obwohl der Faktor Wind-Kälte beides drastisch reduzieren kann und die gefühlte Temperatur niedriger erscheint, als sie tatsächlich ist.

Die Nächte sind im Sommer herrlich kurz und bieten bis zu 18 Stunden Tageslicht, perfekt für lange Wandertage, Wildbeobachtungen und Besichtigungen. Januar und Februar bieten herrlich warme Tage im Norden Patagoniens und du kannst sogar in einem der vielen Seen schwimmen.

Beachte, dass in diesen Monaten jedoch besonders viele Menschen nach Patagonien reisen, da in Chile und Argentinien Sommerferien sind. Busse und Unterkünfte sind schnell ausgebucht, Wanderwege mit Wanderern gespickt und für diejenigen, die etwas Flexibilität bei ihren Reiseplänen schätzen, kann es schwierig sein, die Region zu besuchen, ohne alles einige Monate im Voraus reserviert zu haben.

Beliebte Nationalparks wie der Torres del Paine oder Los Glaciares Nationalpark empfangen in dieser Zeit die meisten Besucher.

2.2 Frühling & Herbst in Patagonien: Oktober - Dezember & März - April

Wenn du die belebteste Zeit des Jahres, ab Mitte Dezember bis Ende Februar, überspringen willst, dann solltest du von Oktober bis Mitte Dezember und wieder von Mitte März bis Ende April nach Patagonien reisen. Die Zeit Anfang-Mitte Oktober bietet ein farbenfrohes Frühlingserwachen und ein bereits mildes Klima, während der Herbst im März und April dich mit atemberaubenden Rotbrauntönen, wirklich spektakulären Sonnenuntergängen und schwächerem Wind belohnt. Es ist eine großartige Zeit für Fotografen, da die Lenga- und Südbuchenwälder, die einen Großteil Patagoniens bedecken, mit der Annäherung an den Winter goldfarben und orangerot erstrahlen. In dieser Zeit des Jahres findest du günstigere Preise für Unterkünfte und Aktivitäten sowie wesentlich weniger Menschenmassen.

2.3 Winter in Patagonien: Mai - Oktober

Viele Teile Patagoniens frieren ein und sind zwischen Mai und August nicht zugänglich, was das Reisen in dieser Zeit zu einer echten logistischen Herausforderung macht. Du brauchst für einen Besuch im Winter hochwertige Profi-Ausrüstung, egal ob Zelt, Kleidung oder Schlafsack.

Die Schönheit der Landschaft wird in vielerlei Hinsicht intensiviert und selbst wenn man einige Orte nicht besuchen kann, wird man das Gefühl haben, diesen magischen Ort ganz für sich allein zu haben.

Die Nationalparks Los Glaciares und Tierra del Fuego in Argentinien sind beide das ganze Jahr über geöffnet. Es ist jedoch zu beachten, dass die Wanderwege aufgrund von Schneefällen oft gesperrt sind und die Temperaturen tagsüber nur leicht über den Gefrierpunkt sinken.

Nationalparks entlang der Carretera Austral auf chilenischer Seite sind im Winter schwer zu besuchen, vor allem, weil ein Großteil der Straße (vor allem südlich von Coyhaique) unbefestigt ist und nach starken Regenfällen oder Schnee unpassierbar werden. Viele der Unterkünfte außerhalb von Coyhaique schließen über den Winter.

In Bariloche befindet sich Cerro Catedral, Argentiniens Top-Skigebiet - und eines der besten in Südamerika. Es verfügt über moderne Pisten, Lifte und viele Übernachtungsmöglichkeiten. Zwischen Mitte Juni und September ist mit viel Schnee zu rechnen.

Wenn du vor hast, im Winter nach Patagonien zu reisen, würde ich empfehlen, die Unterkunft im Voraus zu buchen oder zumindest bestätigen zu lassen, dass Hotels und andere Unterkünfte verfügbar sind, da viele schließen, wenn sie keine Gäste haben.

3
WIE MAN NACH PATAGONIEN KOMMT

Da Patagonien kein Land ist, sondern eine zwischen Argentinien und Chile geteilte Region, gibt es verschiedene Möglichkeiten, nach Patagonien zu gelangen.

3.1 Anreise in den chilenischen Teil Patagoniens

Wenn du den Süden Chiles auf einer Karte betrachtest, wirst du feststellen, dass der Norden Patagoniens (verbunden durch die Carretera Austral - eine Straße, die von Puerto Montt im Norden nach Villa O'Higgins im Süden führt) durch Fjorde und das südpatagonische Eisfeld vom Süden Patagoniens getrennt ist - was bedeutet, dass es nicht möglich ist, auf der Straße durchgehend bis Punta Arenas direkt in den Süden zu reisen.

Es gibt alternative Wege - auf die ich später eingehen werde -, aber bedenke, dass du, wenn du sowohl Nord- als auch Südpatagonien sehen willst, irgendwann in den argentinischen Teil Patagoniens übergehen musst.

Es gibt verschiedene Möglichkeiten, von Santiago aus nach Patagonien zu gelangen. Flüge sind mittlerweile bei rechtzeitiger Buchung günstig zu bekommen.

3.2 Mit dem Flugzeug in den chilenischen Teil Patagoniens

Der Flug nach Patagonien ist auf chilenischer Seite oft günstiger zu bekommen als im argentinischen Patagonien, da Chile mehr Billigfluggesellschaften hat.

Jetsmart ist die preiswerteste Airline, obwohl sie weniger Flüge anbieten und du eine zusätzliche Gebühr für aufgegebenes Gepäck zahlen musst.

Sky Airline ist mittelpreisig und hat regelmäßige Flüge nach Patagonien. Auch hier bezahlt man mehr für aufgegebenes Gepäck.

LATAM hat im Allgemeinen die höchste Abflugfrequenz, aber ist im Allgemeinen etwas teurer. Das aufgegebene Gepäck ist in der Regel im Preis inbegriffen.

Der einfachste Weg nach Nordpatagonien ist mit einem Flug von Santiago aus nach Puerto Montt (PMC), der Stadt am Anbfang der Carretera Austral. Von hier gibt es viele weitere Verbindungen nach Süden. Die Flugzeit nach Puerto Montt beträgt etwa 1 Stunde 40 Minuten. Wenn du einige Wochen im Voraus buchst, kannst du Flüge bereits ab 20.000 CLP* (ca. 25 €) pro Strecke buchen.

*CLP = chilenische Pesos

Alle drei genannten Unternehmen fliegen auch direkt von Santiago nach Aérodromo Balmaceda (BBA), einem Flughafen etwa eine Autostunde südlich von Coyhaique in der Region Aysén, obwohl Jetsmart nur zwischen November und Februar diesen Teil Patagoniens anfliegt (zu Preisen ab 10.000 CLP = ca. 12€)

Bei den beiden anderen Fluggesellschaften gibt es nur wenige Abflüge nach Aérodromo Balmaceda, und du kannst mit Kosten zwischen 22.000 CLP (30 €) und 70.000 CLP (90 €) pro Strecke rechnen. Auch hier gilt: im Voraus zu buchen, um günstigere Flüge zu erhalten.

Das südchilenische Patagonien hat einen Hauptflughafen, Aeropuerto Presidente Carlos Ibáñez (PUQ), eine dreißigminütige Fahrt von der Stadt Punta Arenas entfernt.

Im Sommer werden von Santiago rund vier Flüge täglich von LATAM, Sky Airline und Jetsmart durchgeführt (außerhalb der Hauptsaison weniger, bitte vorab informieren) und die Flugzeit nach Punta Arenas beträgt knapp 3 Stunden 30 Minuten. Flüge bekommt man schon zwischen 12.000 CLP (16 €) bis zu 60.000 CLP (80 €) pro Strecke.

Aeropuerto Teniente Julio Gallardo (PNT) ist ein kleinerer Flughafen, sechs Kilometer nördlich von Puerto Natales. LATAM fliegt von Santiago aus in den Monaten November bis März zwei- bis viermal wöchentlich; die Flüge sind aber um einiges teurer als nach Punta Arenas und beginnen bei rund 80.000 CLP (105 €) pro Strecke. Ein Taxi vom Flughafen nach Puerto Natales kostet rund 7.000 CLP (9 €).

Wenn du die Reise in das nordchilenische Patagonien und die Carretera Austral fortsetzen möchtest, gibt es wöchentliche Flüge (normalerweise dienstags) der kleinen Fluggesellschaft Aeriovías DAP (www.dapairline.com) zwischen Punta Arenas und Aérodromo Balmaceda (bei Coyhaique).

Flugtipp Patagonien: Buche die Flüge nach Chile am besten direkt über die chilenische Version der LATAM-Webseite (www.latam.com/es_cl). Hier kannst du den ein oder anderen Euro sparen. Die Webseite ist allerdings nur auf spanisch verfügbar.

Denke bitte an die Umwelt und deine Ökobilanz. Fliege nur, wenn es unbedingt notwendig ist. Die meisten Strecken kannst du auf dem Landweg zurücklegen.

3.3 Mit dem Bus in den chilenischen Teil Patagoniens

Busse sind eine preiswerte Möglichkeit, obwohl Flüge bei rechtzeitiger Buchung teilweise sogar günstiger sind. Wenn du jedoch auch den Süden Chiles in Teilabschnitten bereisen willst, mehr Zeit zur Verfügung hast und mehr sehen und erleben willst, bieten sich Busse an.

Um von Santiago nach Patagonien zu gelangen, nimm einen Bus vom Terminal Sur *(Av Libertador Bernardo O'Higgins 3850, Santiago, Metro: Estación Central)* in Santiago, wo du Nachtbusse nach Puerto Montt findest (Semi Cama 17.000 CLP (22 €), Cama 25.000 CLP (32 €) ; Fahrtdauer 13 Std.), von wo aus Busse und Schiffe nach Süden fahren. Ich empfehle dir, ein wenig mehr Geld für einen Camasitz (160° Lehne und mehr Beinfreiheit) zu investieren.

Bustickets kannst du direkt am Schalter im Terminal kaufen, jedoch solltest du dir in den chilenischen Sommerferien (Februar) und an Wochenenden einige Tage vorher eine Fahrkarte besorgen.

Alternativ kannst du über die Webseite von Recorrido (www.recorrido.cl) ein Ticket online erwerben. Gute Busunternehmen mit den häufigsten Abfahrten auf dieser Strecke sind: Turbus, Pullman Sur und Cruz del Sur.

3.4 Mit dem Schiff in den chilenischen Teil Patagoniens

Einer der schönsten Wege nach Patagonien ist die Fahrt mit einer Fähre. Ähnlich wie bei der Fahrt mit dem Bus ist diese Art der Anreise nach Patagonien eine beschauliche und langsame Art der Fortbewegung, die dir viele unvergessliche Eindrücke der wilden Fjord-Landschaften und Inselgruppen beschert.

Es gibt zwei Gesellschaften, die Fahrten mit der Fähre nach Patagonien anbieten:

Navimag (www.tickets.navimag.com) hat zwei Routen: Abfahrt von Puerto Montt nach Puerto Chacabuco (etwa auf halbem Weg zur Carretera Austral; 24 Stunden; $51.000 CLP (66€) und von Puerto Montt nach Puerto Natales (4 Tage/ 3 Nächte; 400 US $).

Ähnlich wie die Navimag-Fähre nach Puerto Chacabuco ist die Naviera Austral (www.navieraaustral.cl), eine Fähre, die jedoch hauptsächlich von Einheimischen genutzt wird, um durch Nordpatagonien reisen. Sie ist mit 17.450 CLP (23 €) günstiger als die Konkurrenz, die Fahrt dauert jedoch länger (31 Stunden). Betten gibt es keine - nur einen Sitz, also nimm am besten ein Kissen und einen Schlafsack mit.

Sie fährt von Quellón im Süden der Insel Chiloé ab und fährt hinunter bis nach Puerto Chacabuco.

Wenn du in der Hauptsaison (Dezember bis Februar) nach Patagonien reisen möchtest, solltest du diese beiden Fähren mindestens ein paar Monate im Voraus reservieren, insbesondere wenn du vor hast, ein Fahrzeug zu mieten (beide Fähren haben Platz für Autos). Bringe warme, wasserdichte Kleidung mit, so dass du mehr Zeit auf dem Deck verbringen, die Landschaft genießen und tolle Fotos schießen kannst.

3.5 Der argentinische Teil Patagoniens

Den argentinischen Teil Patagoniens kannst du leichter erreichen. Auf der Ostseite der Anden ist das Gelände hauptsächlich Pampa (flache Graslandschaften). Das bedeutet, dass die Busreise aus dem nördlichen Teil Argentiniens in den Süden unkompliziert (wenn auch ermüdend lang) ist.

Leider sind Flüge in Argentinien teurer als in Chile. Wenn du jedoch in einem kurzen Zeitrahmen unterwegs bist, lohnt es sich eher zu fliegen, als unzählige Stunden im Bus zu verbringen, die viel besser zum Genießen von Patagonien genutzt werden könnten.

3.6 Mit dem Flugzeug in den argentinischen Teil Patagoniens

Bariloche
Aeropuerto Internacional Teniente Luis Candelaria (BRC) wird täglich von etwa fünf Flügen vom nationalen Flughafen Aeroparque Jorge Newbury angeflogen (beachte, dass du in Buenos Aires den Flughafen wechseln musst).

Die günstigste Option ist Fly Bondi (www.flybondi.com) eine neue Low-Cost-Airline in Argentinien, die täglich Flüge ab 45 € anbietet. Aerolíneas Argentinas (www.aerolineas.com.ar) bietet ebenfalls täglich mehrere Flüge von Buenos Aires nach Bariloche an. Die Flugzeit beträgt in der Regel zwei Stunden.

El Calafate
Aeropuerto Internacional de El Calafate Comandante Armando Tola, etwas außerhalb von El Calafate. Flüge täglich ab Buenos Aires. Die Reise dauert knapp drei Stunden und kostet ab 90 € einfache Strecke.

Ushuaia
Aeropuerto Internacional Malvinas Argentinas, 15 Autominuten von Ushuaia entfernt. Aerolíneas Argentinas und LATAM haben fünf Direktflüge von Buenos Aires nach Ushuaia. One-Way-Tickets starten bei 90€.

3.7 Mit dem Bus in den argentinischen Teil Patagoniens

Von Buenos Aires in den Norden Patagoniens nach Bariloche ist es eine lange 22-stündige Busfahrt. Preise starten ab 2400 ARS* (55 €).

Von Bariloche aus sind es weitere 23-26 Stunden Stunden nach El Chaltén (2841 ARS - 70 €), wo es weitere Verbindungen nach El Calafate und Ushuaia gibt.

Die Cama-Busse sind das Spitzenmodell und verfügen über eine 180° Liegefläche - ähnlich wie in der Business Class eines Flugzeugs. Cama ejecutivo oder cama (160°) und semi-cama (140° mit wenig bis gar keine Beinfreiheit) sind die beiden anderen Optionen und günstiger - aber auch weitaus weniger bequem.

Eine Decke und ein Kissen werden normalerweise für die Fahrt in der Cama Suite und Cama Ejecutivo bereitgestellt. Essen (und sogar Wein!) wird normalerweise auf langen Busreisen durch Argentinien angeboten, aber schaue dies unbedingt bei der Buchung nach - es kann lange dauern, bis du dich an einem Ort befindest, an dem du irgendwelche Lebensmittel kaufen kannst. Am besten hast du immer etwas Proviant (Kekse, Müsliriegel, Obst) dabei.

*ARS = argentinischer Peso

Wie bei allen Busreisen durch Patagonien solltest du Toilettenpapier und Handdesinfektionsmittel mitnehmen, da sich die Badezimmer gerade bei langen Fahrten nicht immer im besten Zustand befinden. Achte auch bei der Platzwahl darauf, nicht neben den Toiletten zu sitzen. Es kann unangenehm riechen und du wirst durch andere Passagiere gestört.

Du kannst Bustickets in den Busbahnhöfen in den meisten Großstädten Argentiniens sowie online unter Omnilíneas und Plataforma 10 kaufen. Für Fernverbindungen lohnt es sich, ein paar Tage im Voraus zu buchen.

Patagonien Busreise-Tipp: Erkundige dich vor dem Kauf, wie lange die Reise dauert, da dies je nach Unternehmen stark variieren kann. Längere Zeiten deuten auf mehr Stopps entlang der Route hin.

4
REISEN IN PATAGONIEN

Glückwunsch. Du hast es nach Patagonien geschafft. Was jetzt? Wie wir bereits besprochen haben, ist Patagonien eine verdammt große Region und die Planung kann sich wie eine weitere Mammutaufgabe anfühlen. In diesem Kapitel erfährst du, wie du diese Region am besten bereist.

4.1 Reisen im chilenischen Teil Patagoniens mit dem Bus

Im nordchilenischen Patagonien fahren die Busse in der Regel täglich zwischen den Städten, bei größeren Entfernungen (z.B. zwischen Coyhaique und Futaleufú oder Chaitén), oft nur einmal-zweimal pro Woche. Allerdings ist es jederzeit möglich, in einen Bus zu steigen, der bis zur nächsten Stadt fährt. So kannst du dich etappenweise vorarbeiten.

Die wichtigsten Busunternehmen:

<u>Kemelbus:</u>
tägliche Verbindungen zwischen Puerto Montt und Chaitén.
<u>Busse Cárdenas:</u>
(Tel. 9/4268 0432): tägliche Verbindungen zwischen Futaleufú und Chaitén.
<u>Buses Becker:</u>
Coyhaique, Aguilas Patagonicas (Tel. 67/2112 88): tägliche Verbindungen von Coyhaique nach Cochrane Süd und von Cochrane nach Villa O'Higgins (via Caleta Tortel).

Der Bus ist auch der einfachste Weg, um zu den Städten im chilenischen Südteil Patagoniens und auch nach Argentinien zu gelangen.

Punta Arenas nach Puerto Natales: Die Busse fahren stündlich zwischen den beiden Städten (8.000 CLP (10 €; 3 Stunden 15 Minuten). Bus Sur *(Av. Cristobal Colón 842)* und Buses Fernandez *(Armando Sanhueza, Punta Arenas)* haben ihre eigenen Terminals in Punta Arenas. In Puerto Natales fahren beide Unternehmen vom Busbahnhof Terminal Rodoviario *(Avenida España 1455)* ab.

Puerto Natales zum Torres del Paine Nationalpark: Die Busse fahren um 07:00, 07:15, 12:00 und 14.30 Uhr vom Busbahnhof Terminal Rodoviario in Puerto Natales ab und benötigen zwei Stunden und 15 Minuten, um die erste Haltestelle im Park zu erreichen (8.000 CLP, 10 €). Weitere Informationen findest du im Torres del Paine Nationalpark Teil ab Seite 126.

Puerto Natales nach El Calafate: Die Busse fahren mindestens einmal täglich vom Terminal Rodoviario nach El Calafate in Argentinien, betrieben von Bus Sur, COOTRA und Turismo Zaahj. Die Reise kostet 17.000 CLP (22 €) und kann je nach Wartezeit an der Grenze zwischen fünf und acht Stunden dauern.

Punta Arenas nach Ushuaia: Bus Sur hat drei direkte Verbindungen pro Woche (Mo, Mi & Fr. um 08.30 Uhr) nach Ushuaia (12 Std., ab 35.000 CLP).

4.2 Reisen im chilenischen Teil Patagoniens mit dem Schiff

Einige der Aktivitäten in Patagonien, die ich am meisten genossen habe, waren die Fährfahrten. Neben den Verbindungen mit Navimag und Naviera Austral nach Patagonien gibt es noch eine Handvoll Schiffe, die die Gewässer rund um Patagonien befahren.

<u>Yaghan: Von Punta Arenas nach Puerto Williams</u>
Diese 32-stündige Reise an Bord einer umgebauten Frachtfähre startet zweimal wöchentlich vom Terminal de Ferry Tres Puentes in Punta Arenas. Es geht nach Süden durch die Meerenge von Magellan in die labyrinthischen, grün bewachsenen chilenischen Fjorde, bevor man in den Beagle Channel einläuft und schließlich in Puerto Williams anlegt. Ein echtes Abenteuer.

Die Unterbringung ist eher wie im Bus als wie einem traditionellen Schiff. Ausländer, die im Voraus buchen zahlen 151.100 CLF (ca. 200 €) für einen Camaplatz & 108.100 CLP (ca. 140 €) für Semi Cama (160° Sitze).

Es gibt Steckdosen an Bord, Duschen und drei Gänge pro Tag, die in einem etwas heruntergekommenen Essbereich im Erdgeschoss serviert werden. Die Termine ändern sich monatlich. Buchung und Bezahlung erfolgt online auf der Webseite von TABSA (www.tabsa.cl).

Cruz Australis: Puerto Natales bis Caleta Tortel

Ähnlich wie die Yaghan ist die Cruz Australis ein Frachtschiff, das die 42 Stunden lange Reise zwischen Puerto Natales und Caleta Tortel bedient.

Dieses Schiff hat nur punktuell Anpassungen für Touristen erfahren und ist weniger komfortabel: So ist beispielsweise das Verhältnis von Passagieren zu Duschen und Toiletten etwas geringer und die Verpflegung an Bord lässt zu wünschen übrig.

Alle Plätze sind Semi-Cama (160°) und leider müssen Ausländer 125.160 CLP (164 €) pro Person bezahlen, das Fünffache zum Preis für Chilenen. Decken sind vorhanden, aber es kann unangenehm kalt werden, also packe dich dick ein.

Diese Reise bietet eine einfache Verbindung zwischen dem südchilenischen Patagonien und der Carretera Austral, insbesondere für diejenigen, die mit einem Fahrzeug unterwegs sind (gegen Aufpreis) oder die nicht mit all ihrem Gepäck zwischen El Chaltén und Villa O'Higgins verkehren wollen.

Du kannst diese Fahrt online buchen und bezahlen, ebenfalls direkt über die TABSA Webseite.

Schnellboote zwischen Puerto Williams und Ushuaia

Diese Fahrt ist eine nützliche Möglichkeit, um vom chilenischen zum argentinischen Teil Patagoniens zu gelangen.

Schnellboote verbinden Puerto Williams (die südlichste chilenische Stadt Patagoniens) mit Ushuaia (die südlichste argentinische Stadt Patagoniens). Dabei wird der Beagle-Kanal überquert, mit einer Fahrzeit von etwa 40 Minuten und einer recht hohen Chance, Wale zu sehen. Die Landschaft ist an einem klaren Tag spektakulär, da die schneebedeckten Berge sowohl die chilenische als auch die argentinische Seite des Kanals säumen.

Leider ist die Reise außergewöhnlich teuer: 120 USD für eine einfache Fahrt, 220 USD Hin-und zurück. Die Boote fahren täglich von Dienstag bis Sonntag und normalerweise (je nach Wetterlage) gegen 9 Uhr von den Häfen in Ushuaia oder vom Gobernación-Gebäude in Puerto Williams ab; die Formalitäten für die Überfahrt werden vom Personal erledigt.

Tickets können in Puerto Williams bei Shila, einem Geschäft gegenüber dem Gobernación-Gebäude oder in Ushuaia bei Seaboat, einer Agentur an der Muelle Turístic, gekauft werden.

Kap Hoorn

Ein weiterer beliebter Halt für Schiffsreisende ist die das berühmte Kap Hoorn auf der Isla Hornos. Diese Insel gilt fälschlicherweise als der südlichste Punkt Südamerikas. Die Diego Ramírez Inseln liegen noch weitere 104 Kilometer südlich. So oder so, diese Reise zieht schon seit langer Zeit abenteuerlustige Entdecker an. Die waghalsige Fahrt "Rund ums Hoorn" galt über Jahrhunderte als der größte Test für Seefahrer und war vor dem Bau des Panamakanals die schnellste, aber auch gefährlichste Route vom Atlantik in den Pazifik.

Diese karge, abgelegene Insel wird von einem Mitglied der chilenischen Marine und seiner Familie bewohnt (wenn auch nur für einen Zeitraum von bis zu einem Jahr). Es gibt die Möglichkeit - bei optimalen Wetterbedingungen - auf der Insel zu landen und den Leuchtturm zu besuchen.

Hier befindet sich das Kap-Hoorn-Denkmal, das zu Ehren aller Seeleute errichtet wurde, die im Laufe der Jahrhunderte im stürmischen und eisigen Meer vor der Küste ertranken.

Diese Exkursion kannst du nur im Rahmen einer mehrtägigen Fahrt, z.B. mit Australis machen. (Preise ab 1565 USD)

4.2 Reisen im chilenischen Teil Patagoniens mit dem Mietwagen oder Campervan

Ein Auto oder Wohnmobil zu mieten kann eine nützliche Alternative sein, um Patagonien in deinem eigenen Tempo zu erkunden und die Möglichkeit zu haben, Orte zu entdecken, die nur wenige Touristen sehen. Ein Auto zu mieten ist in Chile im Allgemeinen billiger als in Argentinien, und es gibt viele Anbieter mit unterschiedlichen Preisen. Am einfachsten kannst du Mietwagen bei Rentalcars.com vergleichen. Für ein Allradfahrzeug (wegen der schlechten Straßenverhältnisse unbedingt zu empfehlen) musst du ab 350 € die Woche rechnen.

Wenn du eine Reise für einen Monat oder länger in Patagonien planst, kann die Anmietung eines Vans eine gute Möglichkeit sein, Geld für Unterkunft und Transport zu sparen. In Chile gehören zu den wichtigsten Anbietern von Campervans:

Soul Vans: Anmietstationen in Santiago und Punta Arenas.
Wicked: Santiago, Punta Arenas und Puerto Varas
Condor Campers: Abholung von Santiago, sowie Punta Arenas und Puerto Varas

One-Way-Gebühren (bei denen Abholung und Rückgabe an verschiedenen Orten erfolgt) fallen an, wenn du planst, ein Fahrzeug in Punta Arenas zu mieten und es z.B. in Puerto Montt abzugeben.

Wenn du außerhalb der Hochsaison reist, lohnt es sich, nach Überführungsfahrten Ausschau zu halten. Diese kommen zustande, wenn der Mietwagenverleih zu Beginn oder am Ende der Saison Fahrzeuge von einer Seite des Landes in eine andere verlagern muss und du als Mieter diese Fahrt zu einem reduzierten Preis durchführst. Das einzige Problem ist, dass du dich an die Termine der Verleiher anpassen musst.

Für die Anmietung eines Fahrzeugs brauchst du einen internationalen Führerschein.

Wenn du die Grenze nach Argentinien überqueren willst, benötigst du zusätzlich zur obligatorischen Kfz-Versicherung für das Fahrzeug ein notariell beglaubigtes Dokument der Autovermietung. Dieses kostet zwischen 70.000 CLP (90 €) und 130.000 CLP (170 €) und muss in der Regel zwischen sieben und zehn Tagen vor Abholung des Mietwagens beantragt werden.

Wichtig: Die Mietbedingungen sollten auch die Versicherung für Argentinien beinhalten.

Die Landschaft zwischen Coyhaique & Puyuhuapi in der Region Aysén

Was du mit Mietwagen im chilenischen Patagonien beachten solltest:

- Es kann sein, dass du auf einigen Straßen in Patagonien nicht versichert bist, wenn du kein 4x4 Fahrzeug fährst. Daher solltest du direkt ein Allrad-Fahrzeug anmieten, wenn du außerhalb von Städten und auf unbefestigten Straßen unterwegs sein möchtest.

- Nur wenige Unternehmen bieten Abschleppwagenhilfe an, wenn du in Patagonien eine Panne haben solltest. Informiere dich vorab bei der Mietwagenfirma darüber.

- Nimm immer genügend Essen, Trinken und warme Kleidung für den Fall einer Panne mit. Eine chilenische oder argentinische Simkarte ist im Notfall ebenfalls unerlässlich.

- In COPEC-Tankstellen findest du die COPEC-Landkarte "Rutas de Chile", die alle COPEC-Tankstellen in Patagonien markiert hat.

- Kontrolliere, ob du eine Grenze hast, wie viele Kilometer du pro Tag fahren kannst. Diese wird oft auf 200 Kilometer begrenzt (danach wird dir ein Zuschlag pro Kilometer berechnet). Ich empfehle dir aufgrund der weiten Entfernungen eine Anmietung ohne Kilometerpauschale.

- Das Fahren entlang der Carretera Austral ist nicht nur wegen des schlechten Zustands der Straßen (wir sprechen von mächtigen Schlaglöchern), sondern auch wegen der mangelnden Sorgfalt anderer Fahrer auf der Straße gefährlich. Fahre vorausschauend, langsam in Kurven und achte auf große Steine.

- Halte immer deinen Führerschein, die Versicherungsunterlagen und deinen Reisepass bereit, falls du von der Polizei angehalten wirst. Chilenische Polizisten sind nicht korrupt, also versuche niemals, sie zu bestechen. Sei einfach höflich und folge dem, worum sie dich bitten.

- Wenn du abseits der Städte und in meist unbewohnte Gebiete wie Feuerland oder in abgelegene Teile der Carretera Austral unterwegs bist, ist es wichtig, das Fahrzeug vor der Abfahrt zu tanken.

- Ein zusätzlicher Kraftstoffbehälter (nur Kunststoff ist erlaubt) lohnt sich ebenfalls und kann bei der Autovermietung mit angemietet werden.

4.4 Reisen im argentinischen Teil Patagoniens mit dem Bus

Die argentinische Pampa ist viel einfacher zu bereisen als die chilenische Seite Patagoniens und der Busverkehr regelmäßiger und oft komfortabler, was dies zu einer guten Möglichkeit macht, das argentinische Patagonien zu bereisen.

<u>Bariloche nach El Chaltén:</u> Vom Bus Terminal San Carlos de Bariloche fahren täglich mehrere Busse in den Süden nach El Chaltén, z.B. mit Marga, 23 Std., 4.590 ARS (ca. 105 €)

<u>El Chaltén nach El Calafate:</u> Vom Terminal de Ómnibuses in El Chaltén aus haben Cal-Tur (www.caltur.com.ar) und Chaltén Travel (www.chaltentravel.com) fünf tägliche Abfahrten nach El Calafate, drei Stunden, 600 ARS (ca. 14 €).

<u>El Calafate nach Ushuaia:</u> TAQSA hat tägliche Abfahrten zwischen El Calafate und Ushuaia (16 Stunden, 2.000 ARS (ca. 50 €).

Du kannst Bustickets in den Busbahnhöfen oder Büros der Busunternehmen in allen Städten sowie online unter Omnilineas und Plataforma 10 kaufen. Für Langstreckenverbindungen lohnt es sich, das Ticket ein paar Tage im Voraus zu kaufen.

4.4 Reisen im argentinischen Teil Patagoniens mit dem Flugzeug

Inlandsflüge in Argentinien sind relativ teuer, aber nützlich, wenn du nur wenig Zeit hast oder eine Kurzreise nach Patagonien planst.

Von Bariloche, Aeropuerto Internacional Teniente Luis Candelaria (BRC), hat Aerolíneas Argentinas einen Flug pro Tag (ab 80€, eine Stunde 45 Minuten) nach El Calafate und einen täglich nach Ushuaia (ab 80€, 5 Stunden 50 Minuten).

Vom Aeropuerto Internacional de El Calafate Comandante Armando Tola, direkt außerhalb von El Calafate, gibt es zwei Flüge täglich nach Ushuaia. Der Flug dauert 1 Stunde 20 Minuten und kostet ab 80€ pro Strecke.

4.5 Reisen im argentinischen Teil Patagoniens mit dem Zug

Obwohl das Reisen mit dem Zug vielleicht die romantischste Art ist, Patagonien zu erkunden, sind nur noch wenige der Linien, die früher für den Güterverkehr genutzt wurden, in Betrieb.

Die berühmteste ist die dampfbetriebene La Trochita, auch bekannt als "Old Patagonian Express" von 1922, der im gleichnamigen Reisebericht von Paul Theroux berühmt wurde. Heute fährt der Zug nur noch die kurzen 20 Kilometer bis Nahua Pan, der ersten Station auf der alten Strecke des Zuges, und wieder zurück. Die Fahrt kostet 900 ARS (ca. 20 €) für das Hin- und Rückfahrticket.

Im Sommer fährt er jeden Samstag, im Winter in der Regel einmal im Monat. Weitere Informationen findest du auf der offiziellen Webseite. (latrochita.org.ar)

La Trochita, der Patagonien Express

5 ROADTRIPS IN PATAGONIEN

Viele Reisende entscheiden sich für einen Mietwagen oder kaufen sogar ein Fahrzeug, um Patagonien zu erkunden und die Flexibilität zu haben, Ziele jenseits der ausgetretenen Pfade zu besuchen.

Wenn du einen Roadtrip durch Patagonien planst, empfehle ich dir, mindestens 3 Wochen-vorzugsweise mehr - einzuplanen, um dir die wichtigsten Ziele der Region anzusehen, ohne das Gefühl zu haben, dass dir die Zeit davon rennt.

Ein Ersatztank, Navigationssystem oder eine Karte (ich benutze die kostenlose App maps.me, da sie beim Wandern und Fahren in Patagonien immer sehr erfolgreich funktioniert hat) und das Wissen, wie man einen Reifen wechselt, sind weitere wichtige Voraussetzungen für einen Roadtrip durch Patagonien.

Wenn du vor hast, zu trampen oder mit dem Fahrrad zu fahren, dann packe auf jeden Fall hochwertige Campingausrüstung ein - mit einem Zelt, das sowohl die heftigen patagonischen Winde als auch die unerbittlichen Regenfälle übersteht. Hier solltest du auf keinen Fall sparen.

Tipps für die Anmietung eines Mietwagens oder Campervans findest du auf Seite 40.

5.1 Roadtrip auf der Carretera Austral

Startpunkt: Puerto Montt
Endpunkt: Villa O'Higgins
Entfernung: 1.240 km
Dauer: min. 8-10 Tage, besser 14-20 Tage.
Beste Reisezeit: Der Sommer (Dezember-Februar) ist die ideale Zeit, da hier die besten Fahrbedingungen herrschen.

In einem Moment wird die Straße von üppigen, dichten Wäldern gesäumt und im nächsten Moment fährst du durch die raue Wildnis mit schneebedeckten Bergen, riesigen Gletschern und zerklüfteten Fjorden.

Das gesamte Gebiet ist dünn besiedelt, so dass sich Besucher wirklich von der modernen Zivilisation lösen und im Schoß der Natur verlieren können. Es besteht kein Zweifel, dass eine Fahrt auf der Carretera Austral die Reise deines Lebens sein wird.

Der ultimative Roadtrip des chilenischen Patagoniens führt von Norden nach Süden entlang der isoliertesten Straße Südamerikas. Der Bau begann während der Diktatur und ist noch im Gange, da diese Serpentinenstraße nach und nach vollständig asphaltiert wird - obwohl es noch ein langer Weg ist. Zu den Höhepunkten gehören Parque Patagonia und Pumalín, zwei brandneue Nationalparks, die von der Conservación Patagonica (der Douglas Tompkins Stiftung) ins Leben gerufen wurden. Wenn du kein eigenes Fahrzeug hast, kannst du die Strecke auch trampen. Das geht in Patagonien sehr gut und die Leute sind es gewohnt, Tramper mitzunehmen. Hierbei musst du natürlich zeitlich flexibler sein.

Auf einer Strecke von 1.240 Kilometern von Puerto Montt bis zur Villa O'Higgins, führt dich die Route durch ungezähmte Landschaften, die sich ständig verändern und entwickeln.

Sehenswerte Stopps entlang der Carretera Austral:

- Wenn du dich körperlich betätigen möchtest, dann ist die Cerro Castillo Wanderung (S.104) genau das Richtige für dich.

- Der Queulat Hängegletscher im gleichnamigen Nationalpark (S.94) ist einer der schönsten Gletscher Patagoniens und ein Paradebeispiel dafür, wie schön Natur sein kann. Dieser Gletscher hängt am Rande einer Klippe und bildet einen gigantischen Wasserfall aus dem herab fließenden Gletscherwasser.

- Die Landschaft im Park Pumalín ist eine der spektakulärsten in ganz Patagonien. Hier gibt es üppig grüne Wälder, Lagunen, Seen und den aktiven Chaitén Vulkan, der die traumhafte Szenerie überragt. Der Park beherbergt eine Vielzahl von gefährdeten und endemischen Pflanzen- und Tierarten . (S.98)

- Der atemberaubende Rio Baker fließt durch ein Tal kurz vor Cochrane. Für diejenigen, die einen Adrenalinschub suchen, sind die Stromschnellen im Fluß perfekt für Rafting und Kajakfahren.

- Beim Fahren durch Patagonien wirst du immer wieder Orte sehen, die die Welt völlig vergessen zu haben scheint. La Junta ist ein kleines Dorf unweit von Coyhaique, das diese magische, abgelegene Atmosphäre verkörpert.

Rio Baker bei Cochrane

Carretera Austral

5.2 Roadtrip auf der Ruta 40

Startpunkt: Bariloche
Endpunkt: El Calafate
Entfernung: 1610 Km
Dauer: min. 8-10 Tage, besser 14-20 Tage.
Beste Reisezeit: Frühling, Sommer, Herbst.

Ruta 40: Die berühmteste Straße des argentinischen Patagoniens ist die Ruta 40, die das riesige Land von Nord nach Süd durchquert. Die patagonische Etappe beginnt in Bariloche und führt durch die Pampa, während sie El Bolsón, Esquel, Perito Moreno, El Chaltén und in El Calafate endet. Wenn du mehr Zeit hast, kannst du auch bis Rio Gallegos weiterfahren und Feuerland besuchen.

Starte deine Reise in der Stadt San Carlos de Bariloche - dem Tor zu Patagonien. Sie liegt am Ufer des riesigen blauen Nahuel Huapi Sees und ist umgeben von atemberaubenden Wäldern, Bergen und Seen. Nutze einen Tag, um die Stadt zu erkunden: Radfahren auf dem Circuito Chico, Seilbahn fahren mit atemberaubender Aussicht und Verkostung der berühmten Schokolade. Fahre auf der "Route der 7 Seen", die dich von Bariloche über Villa Angostura nach San Martin de los Andes führt, durch Wälder, entlang von Flüssen und entlang der Ufer einiger der schönsten Seen Argentiniens.

Auf dem Weg nach El Bolson passiere den Lago Guttierez und werfe einen Blick auf den Cerro Catedral. Du passierst die kleine Stadt El Foyel, einen malerischen Ort für einen kurzen Zwischenstopp, bevor du die Reise fortsetzt.

Du wirst 193 km auf der Ruta 40 und später auf den mit Kies gepflasterten Provinzstraßen 15 und 71 unterwegs sein. In El Bolsón und am Lago Puelo gibt es Tankstellen. Diese Straße ist lang und etwas schwieriger, aber du durchquerst einen der spektakulärsten Nationalparks Argentiniens - den Los Alerces Nationalpark. Er grenzt an die Seen Rivadavia, Verde und Futalaufquen. Hier kannst du einen Abstecher in die kleinen Städte Epuyén und Villa Futalaufquen machen.

Von der Andenstadt Esquel aus geht es weiter auf der Ruta 40. Auf dieser Route weiter Richtung Süden erlebst du den dramatischen Wandel in der Landschaft, von den Wäldern und Bergen der patagonischen Anden bis hin zur windgepeitschten patagonischen Steppe. In Perito Moreno kannst du Halt machen oder bis zum nahegelegenen Lago Buenos Aires nach Los Antiguos weiter fahren.

Südwestlich von Perito Moreno findest du eine der berühmtesten Touristenattraktionen Argentiniens, die Cueva de las Manos im Pinturas River Canyon. (S. 119)

Fahre dann weiter nach Süden, um die Kreuzung mit der Route 37 kurz vor Las Horquetas zu erreichen, die zum Perito Moreno Nationalpark führt.

Los Alerces Nationalpark

Plane einen aufregenden, ganztägigen Ausflug durch den Park Perito Moreno (der hat übrigens nichts gemein mit dem gleichnamigen Gletscher). Man kann leicht Guanakos, Nandus, rote und graue Füchse, patagonische Hasen, Flamingos, Magellangänse und Kondore beobachten. Pumas und Huemules (Andenhirsche) sind schwieriger zu sichten, da sie sehr scheu sind.

Die Fahrt nach El Chaltén führt dich 360 Km durch die patagonische Weite. Wenn du dich der Abzweigung El Chalten näherst, kannst du in der Ferne bereits die zerklüfteten Berggipfel erkennen - genieße herrliche Ausblicke auf die riesigen Granitwände des berühmt-berüchtigten Mt. Fitz Roy. Lege in El Chaltén einige Tage zum Wandern ein.

El Calafate erreichst du von El Chaltén aus, 220 Kilometer entfernt, über eine Schotterstraße entlang der Küste des Sees Lago Argentino. Von der Straße aus kannst du den großen Viedma-See und seinen Gletscher, der aus den kontinentalen Schneefeldern stammt, beobachten.

In El Calafate angekommen, solltest du unbedingt einen Ausflug in den Los Glaciares Nationalpark machen und den Perito Moreno Gletscher besuchen.

El Chaltén mit dem Fitz Roy Massiv

6 GRENZÜBER-SCHREITUNG ZWISCHEN CHILE & ARGENTINIEN

Die meisten Reisen nach Patagonien sind mit vielen Grenzübergängen verbunden, da du wahrscheinlich von Puerto Natales nach El Calafate oder von Argentinien auf die Carretera Austral wechseln möchtest. Es ist nicht ungewöhnlich, dass man manchmal sogar mehrmals an einem Tag die Grenze überschreitet.

Das alles ist völlig legal, allerdings musst du sicherstellen, dass du jederzeit das notwendige Visum hast. Bei der Einreise in beide Länder erhältst du ein 90-Tage-Visum, das bei jeder Ein- und Ausreise erneuert wird. Das Überschreiten der Grenze kann je nach Aufkommen und Motivation der Beamten ein schneller, stressfreier Prozess sein (zwischen 30 und 45 Minuten) oder ein frustrierend langer (mehrere Stunden). Im Sommer können die Warteschlangen an beliebten Grenzübergängen wie dem Paso Río Don Guillermo (bei Puerto Natales) und dem Paso Integración Austral (bei Río Gallegos) sehr lang sein.

Die Verweildauer an der Grenze kann auch dadurch erhöht werden, dass alle nach Chile einreisenden Gepäckstücke zunächst von Spürhunder kontrolliert und dann durch ein Röntgengerät geleitet werden. Es ist nicht erlaubt, Obst, Gemüse oder tierische Produkte mit über die Grenze zu bringen. Die Zollbehörden sind in dieser Hinsicht sehr streng und du musst mit einer Geldstrafe rechnen, wenn du versuchst, einen dieser Artikel mitzubringen.

7
PATAGONIEN REISEROUTEN

In diesem Kapitel stelle ich dir vier Reiserouten vor, die du, wenn du mehr Zeit hast, auch miteinander kombinieren kannst. Dazu einfach an die zweiwöchige Route einer der beiden einwöchigen Routen anhängen.

7.1 Reiseroute #1
W Trail im Torres del Paine Nationalpark
Dauer: 1 Woche

Obwohl eine Woche lange nicht ausreicht, um viel von Patagonien zu sehen, kannst du von Santiago nach Patagonien fliegen und die W-Wanderung im Torres del Paine Nationalpark absolvieren.

Tag 1: Santiago nach Puerto Natales
Flug nach Patagonien mit LATAM oder Sky Airline (letztere ist wesentlich günstiger) von Santiago nach Punta Arenas (3 Stunden 35 Minuten, ab 50 €). Wenn du eine Reise zwischen Dezember und Februar planst, bietet LATAM Flüge direkt nach Puerto Natales von Santiago aus an (zweimal wöchentlich, 3 Stunden 10 Minuten).

Nimm einen Bus von Punta Arenas nach Puerto Natales (3 Stunden 30 Minuten, Bus-Sur, Buses Pacheco und Buses Fernandez). Kaufe bei deiner Ankunft am Busbahnhof in Puerto Natales Bustickets zum Nationalpark Torres del Paine. Nutze den Nachmittag in Puerto Natales, um Essen zu kaufen und deine Wanderausrüstung zu organisieren.

Übernachte im We are Patagonia Hostel (*Barros Arana 155, Dorms ab 19 €*). Genieße köstliche Burger und lokal gebrautes Bier im Cerveza Baguales (*Calle Carlos Bories 430*) oder in der Pizzeria La Guanaca (*Calle Magallanes 167*).

Tag 2-6: Wanderung des W-Trails

Um 7:30 Uhr geht es mit dem Bus von Puerto Natales zum Torres del Paine Nationalpark, wo dein Trekking auf dem W-Trail beginnt. Erwarte riesige, funkelnde Gletscher, einen Blick auf Kondore und grasende Guanakos und im Licht der Morgendämmerung die Silhouetten der Granitnadeln des Cerro Torre zu sehen, die dem Park seinen Namen geben. (mehr ab S.126)

7.2 Reiseroute #2
Perito Moreno-Gletscher und wandern im Nationalpark Los Glaciares
Dauer: 1 Woche

Auf dieser einwöchigen Reise kannst du das Highlight der argentinischen Seite Patagoniens kennenlernen - den mächtigen Perito Moreno-Gletscher.

Tag 1

Fliege von Buenos Aires nach El Calafate mit Aerolineas Argentinas (3 Stunden 15 Minuten). In der Stadt gibt es nicht viel zu tun, so dass man am Nachmittag ein Fahrrad mieten und nach Punta Walichu radeln kann, einer archäologischen Stätte, die 7.000 Jahre alte Höhlenmalereien beherbergt. Ebenfalls sehenswert ist die Laguna Nimez, ein Vogelschutzreservat mit Rundwanderweg vor den Toren der Stadt.

Übernachte in der Bla Lodge (*Calle 1015, Dorm ab 9 €, DZ ab 40 €*) und genieße leckeren patagonischen Lammbraten in der unvergleichlichen Parrilla Don Pichon (*Calle Puerto Deseado 242*).

Laguna Nimez

Krachendes Eis am Perito Moreno-Gletscher

Tag 2: Perito-Moreno Gletscher

Heute ist der Tag, an dem du eines der größten Highlights Patagoniens würdigst: den Perito Moreno-Gletscher. Um zum Los Glaciares Nationalpark und zum Gletscher zu gelangen, nehme einen Bus vom Busbahnhof in El Calafate.

Der Eintritt in den Park kostet 600 ARS/ ca. 15 €. Auf Holzstegen, die nur wenige hundert Meter entfernt liegen, kannst du bis an Rand dieses riesigen Gletschers gehen.

Tag 3 - 6: El Chaltén

Mit dem Bus fährst du nach El Chaltén (vier Stunden, Abfahrt vom Busbahnhof El Calafate).

Verbringe die nächsten drei Tage deiner einwöchigen Patagonienreise in El Chaltén, der selbsternannten Wanderhauptstadt Argentiniens. Am Nordrand des Los Glaciares Nationalparks gelegen, ist die Stadt in unmittelbarer Nähe vieler der berühmtesten Wanderungen Patagoniens. Dazu gehören die bezaubernde Laguna de los Tres und der Trail zur Laguna Torre, die einen erstaunlichen Blick auf den Cerro Torre und den Fitz Roy bieten. Für weitere Informationen über die Wanderwege besuche diese Webseite (elchalten.com/eng/actividades/caminatas.php) die ausschließlich selbst geführten Wanderungen ab El Chaltén gewidmet ist.

Übernachte im komfortablen Patagonia Hostel (*Avenida San Martin 376, Dorm ab 15 €, DZ ab 50 €*) oder auf einem der verschiedenen Campingplätze in der Stadt wie El Relincho. Esse ein großes, saftiges Steak im La Tapera (*Calle Jose Antonio*), trinke lokales Bier bei Don Guerra (*Calle San Martin*) und genieße im La Wafleria (*Calle San Martin 640*), die wahrscheinlich besten Waffeln Argentiniens.

Tag 7 - Rückflug nach Buenos Aires
Mit dem Bus geht es zurück nach El Calafate, wo du den Flug nach Buenos Aires antrittst.

7.3 Reiseroute #3
Carretera Austral
Dauer: 2 Wochen

Zwei Wochen sind eine angemessenere Zeit für eine Reise nach Patagonien und geben dir die Möglichkeit zur Erkundung der Carretera Austral - alias der ultimative Roadtrip des chilenischen Patagoniens mit vielen Highlights entlang der berühmten Straße am Ende der Welt.

Diese Reiseroute umfasst eine lange Strecke; fast die gesamte Länge der Carretera Austral, einer 1.240 km langen Straße, die durch das Herz des nordchilenischen Patagoniens führt.

Obwohl zwei Wochen ein wenig kurz sind, um diesen Teil Patagoniens zu sehen (ich würde drei Wochen empfehlen), ist es möglich, die Höhepunkte der Region in dieser Zeitspanne zu sehen.

Um das Beste aus dieser zweiwöchigen Patagonien-Reise zu machen, würde ich empfehlen, Campingausrüstung mitzubringen, um unabhängiger zu sein.

Tag 1: Santiago nach Puerto Montt
Flug von Santiago nach Puerto Montt (11 Flüge pro Tag, eine Stunde 45 Minuten).

Vom Flughafen aus nimmst du den Bus direkt vor dem Terminal ($2.500 CLP/3,20 €, alle 30 Minuten) zum Busbahnhof im Zentrum von Puerto Montt. Von hier aus erreichst du in 20 Minuten mit einem lokalen Minibus Puerto Varas - eine der malerischsten Städte Chiles. Verbringe einen Nachmittag damit, den Aussichtspunkt am See und - bei sonnigem Wetter - den Blick über das Wasser zum Vulkan Osorno zu genießen. Nachmittags kannst du einen Minibus nehmen, um die Saltas de Petrohué zu besuchen, eine Reihe von schillernden Wasserfällen im Schatten des Vulkans.

Übernachtung im Compass del Sur (*Klenner 467, Dorm ab 18€, DZ ab 38 €*), eines der schönsten Hostels im Süden dank seiner riesigen Zimmer, Küche und dem köstlichen, hausgemachten Frühstück. Esse in der Mesa Tropera (*Calle Santa Rosa 161*) in ihrer Pizzeria an der Promenade über dem See (und genieße das lokal gebraute Bier) oder in La Olla (*Calle Ruta 22*) für traditionelle chilenische Meeresfrüchte.

Tag 2-3: Mit der Fähre nach Puerto Chacabuco
Mit dem Bus geht es zurück nach Puerto Montt und mit der Navimag Fähre nach Puerto Chacabuco. (siehe Seite 35)

Vulkan Osorno

Saltos Petrohue

Fahre entlang der chilenischen Küste und erhasche mit etwas Glück einen Blick auf Seelöwen, Delfine, Pinguine und sogar südliche Glattwale. Wenn das Wetter gut ist, kannst du Chiles unglaubliche Natur mit dem dichten valdivianischen Regenwald sehen, der mit Vulkanen und Gletschern übersät ist.

Ziel der Fähre ist die Anlegestelle in Puerto Chacabuco, wo du einen lokalen Kleinbus findest, der dich zu einem der Busunternehmen in Puerto Aysén bringt. Steige in einen Bus nach Coyhaique (1 Stunde 30 Minuten) und kaufe am Terminal bereits Fahrkarten nach Río Tranquilo für den nächsten Tag.

<u>Tag 4: Río Tranquilo und die Marmorhöhlen</u>
Vom Busbahnhof in Coyhaique steigst du morgens in einen Bus nach Río Tranquilo (4 Stunden) und organisierst eine Tour von einer der Agenturen entlang des Seeufers, um die einzigartigen Marmorhöhlen zu besichtigen.

Es gibt viele Campingplätze in der Stadt, darunter Camping Bellavista (die auch eine kleine Anzahl von Zimmern mit Küchenzugang haben) und eine Handvoll Restaurants.

Wenn du eine Kochausrüstung dabei hast, solltest du Lebensmittel bereits im Unimarc-Supermarkt in Coyhaique kaufen, wo es günstiger ist und es mehr Auswahl gibt.

Marmorhöhlen "Capillas del Marmol" im Lago General Carrera

Fahrt auf dem Lago General Carrera

Tage 5-6: Parque Patagonia
Nimm den Bus nach Cochrane am frühen Nachmittag und steig am Wendepunkt (Busfahrer fragen) aus, um in den Parque Patagonia (drei bis vier Stunden vom Río Tranquilo entfernt), 17 km vor Cochrane zu gelangen. Von hier aus sind es 11 km bis zum Eingang des Parks, also entweder per Anhalter (im Sommer kein Problem) oder zu Fuß. Verbringe den Nachmittag und den folgenden Tag mit Wanderungen auf einem der sechs Wanderwege des Parks. Im Park kannst du auf den Campingplätzen übernachten. Mehr Infos & Karten findest du auf der offiziellen Webseite (www.patagoniapark.org).

Tag 7: Parque Patagonia nach Coyhaique
Du musst herausfinden, wann der Bus von Cochrane aus von der CONAF Ranger Station im Parque Patagonia abfährt und ihn auf der Hauptstraße anhalten. Die Ranger im Park wissen hier Bescheid. Alternativ per Anhalter zurück nach Coyhaique (neun Stunden). Kaufe Tickets für den nächsten Tag nach Puyuhuapi.

Tag 8: Coyhaique nach Puyuhuapi
Am Morgen steigst du von Coyhaique aus in den Bus nach Puyuhuapi (etwa sechs Stunden).

Lass dich am Eingang des Parque Nacional Queulat absetzen und verbringe die Nacht auf dem Campingplatz (5.000 CLP/ ca. 6,50 €).

Tag 9: Parque Nacional Queulat
Besuche den Parque Nacional Queulat und den unglaublichen Gletscher Ventisquero Colgante (einer der schönsten Gletscher, den ich je gesehen habe). Es gibt ein paar kurze Wanderungen im Park, die dich einen Tag lang auf Trab halten. Steig am Nachmittag in den Bus nach Puyuhuapi zurück oder, in der Hochsaison, ist es kein Problem, per Anhalter zu fahren.

Tage 10-12: Puyuhuapi nach Chaitén
Morgens mit dem Bus von Puyuhuapi nach Chaitén (ca. vier Stunden) und per Anhalter weiter zum Parque Pumalín. Der 715.000 Hektar große Park in der chilenischen Provinz Palena erstreckt sich vom Herzen der Anden bis zu den Fjorden der Pazifikküste in der chilenischen Provinz Palena.

Der Pumalín-Park (S.98) schützt den gemäßigten valdivianischen Regenwald. Es gibt zwölf bezaubernde Trails im Park, die dich in die Natur Patagoniens entführen. Eine Straße führt quer durch das Reservat. So kannst du längere Entfernungen zwischen den Campingplätzen per Anhalter zurücklegen. Trampe an Tag 12 zurück nach Chaitén.

Ventisquero Colgante Gletscher im Parque Nacional Queulat

Puyuhuapi

Tag 13: Chaitén nach Puerto Montt
Steige in einen frühen Bus, da es eine lange zehnstündige Fahrt zurück nach Puerto Montt ist. Ich würde empfehlen, die Nacht wieder in Puerto Varas zu verbringen (Puerto Montt ist kein schöner Ort und einige Teile können nachts ziemlich gefährlich sein).

Tag 14: Zurück nach Santiago
Nimm den Bus zum Busbahnhof Puerto Montt und dann weiter zum Flughafen für deinen Rückflug.

7.4 Reiseroute #4
Patagonien total
Dauer: 3 Wochen

Tag 1: Santiago nach Punta Arenas
Flug von Santiago nach Punta Arenas mit LATAM oder Sky Airline (3 Stunden 35 Minuten, vier Flüge pro Tag). Von Dezember bis Februar bietet LATAM von Santiago aus Direktflüge nach Puerto Natales an (zweimal wöchentlich, 3 Stunden 10 Minuten).

Tag 2: Packen/Planen für die O-Wanderung
Am vierten Tag fängt man an, den O Circuit im nahegelegenen Torres del Paine Nationalpark zu wandern, also nutzt man heute die Gelegenheit, sein Essen zu kaufen. Die Supermärkte in Punta Arenas haben mehr Auswahl und sind billiger als die in Puerto Natales, wo sich die meisten Backpacker eindecken.

Deine erste Handlung heißt Tickets kaufen, um am nächsten Morgen nach Puerto Natales zu fahren.(Bus-Sur, Buses Pacheco oder Buses Fernandez)

Den Rest des Tages kann man mit einem Besuch des Museo Regional de Magallanes (mit seiner Geschichte der indigenen Bevölkerung Patagoniens und des einst boomenden Wollhandels der Region) oder einem Spaziergang zum Mirador Cerro La Cruz mit Panoramablick auf die Straße von Magellan verbringen. Es gibt viele ausgezeichnete Steak-Restaurants in der Stadt, darunter El Fogon De Lalo Limitada (*Calle 21 de Mayo 1650*) und eine Reihe von Unterkünften wie das empfehlenswerte Hostel Sol de Invierno (*Maipú 501, Dorms 19 €*)

Tag 3: Puerto Natales

Nimm den Bus von Punta Arenas nach Puerto Natales (3 Stunden 30 Minuten). Bei der Ankunft kaufst du bereits die Tickets für den Bus in den Torres del Paine Nationalpark.

Wenn du Wanderausrüstung mitgebracht hast, kannst du den Tag damit verbringen, die Uferpromenade zu besuchen oder einfach die Stadt zu genießen. Falls nicht, dann besuche Rent Natales (www.rentalnatales.com) oder eine der anderen Agenturen in der Stadt, um dir Campingausrüstung auszuleihen.

Übernachte im hübschen We are Patagonia Hostel (*Barros Arana 155, Dorms ab 19 €*). Genieße köstliche Burger und lokal gebrautes Bier im Cerveza Baguales (*Calle Carlos Bories 430*) oder esse die beste Pizza Patagoniens in der Pizzeria La Guanaca (*Calle Magallanes 167*).

Tage 4-12: Der O -Trail, Torres del Paine Nationalpark

Um 7:15 Uhr steigst du in deinen Bus und fährst zum Torres del Paine Nationalpark. Genieße neun Tage Wandern durch eine magische Landschaft, beobachte Wildtiere wie Füchse, Pumas, Guanakos und Andenkondore und beende deine Tour mit dem Blick auf die spitzen Türme des Cerro Torre im Morgengrauen. Mehr zur Wanderung findest du im Torres del Paine Teil auf S.126.

Tage 13-14: El Calafate

Steige morgens in den Bus vom Terminal in Puerto Natales nach El Calafate (5 Stunden inklusive Grenzübergang). Wenn du am Abschluss deiner Reise nach Punta Arenas zurückkehren möchtest, erkundige dich gleich nach Fahrten Richtung Chile. Kaufe direkt auch Bustickets nach El Chaltén, deinem nächsten Ziel nach El Calafate.

Besuch des Perito-Moreno-Gletschers und des Nationalparks Los Glaciares.

Wanderung im Torres del Paine Nationalpark

Grey Gletscher, Torres del Paine Nationalpark

Tag 15-17: El Chaltén

Nimm den Bus nach El Chaltén (4 Std.). Es gibt zahlreiche Wanderungen in dieser Region, darunter die Laguna de los Tres und die Laguna Torre, die beide die beste Aussicht der Stadt und die Granitberge Cerro Torre & Mt. Fitz Roy bieten. Im Nationalpark Los Glaciares gibt es auch mehrtägige Wanderungen wie den Huemul-Trek. Er startet in El Chaltén und bringt Wanderer in vier Tagen zu den majestätischen Bergen und Gletschern im Los Glaciares Nationalpark.

Tag 18-19: Ushuaia

Fliege von El Calafate nach Ushuaia (ein Flug pro Tag, 1 Stunde 30 Min., ab 2215 ARS/ 55 €).

Verbringe den Nachmittag mit einem Besuch der zahlreichen Museen und kulturellen Attraktionen in der südlichsten Stadt Argentiniens, darunter das Museo Marítimo y Presidio, ein Museum über die Geschichte der Region im alten Gefängnis von Ushuaia. Hier erfährst du einiges über die Besiedlung Patagoniens.

Ebenfalls sehenswert ist das Museo Yámana, ein kleines Museum, das der Kultur der Yaghan, der heute fast ausgestorbenen Bewohner Feuerlands, gewidmet ist.

Les Eclaireurs Leuchtturm, Ushuaia

Am nächsten Morgen fahre mit dem öffentlichen Bus zum Tierra del Fuego Nationalpark und wandere den Cerro Guanaco Trail, eine 8 km lange Route, die auf einem steilen Berg endet und eine tolle Aussicht über die Straße von Magellan und den Rest des Nationalparks bietet.

Es gibt auch eine Reihe von kürzeren Wegen. Der Eintritt in den Park Tierra del Fuego kostet 240 ARS/ 6 €.

Alternativ kannst du auf einer Bootstour den Leuchtturm von Ushuaia, den 1920 erbauten Faro Les Eclaireurs, besuchen. Er bietet eine herrliche Fotokulisse vor der grandiosen Landschaft und dem Beagle-Canal. Mit ein wenig Glück siehst du hier vielleicht den ein oder anderen Wal. Aber auf jeden Fall zahlreiche Komorane, die die Felsen bevölkern.

Tag 20: Ushuaia nach Punta Arenas
Die Busse fahren morgens von Ushuaia ab und es dauert etwa 12 Stunden, bis man Punta Arenas erreicht (einschließlich Grenzübergang).

Tag 21: Punta Arenas: Punta Arenas
Rückflug nach Santiago.

8
WAS KOSTET EINE REISE NACH PATAGONIEN?

Eine der größten Hindernisse für eine Reise nach Patagonien sind die Kosten. Patagonien ist ein teures Reiseziel, vor allem im Vergleich zu anderen Teilen Südamerikas.

Und doch ist es möglich, Patagonien mit einem Budget von rund 50 Euro pro Tag zu bestreiten.

Mit preisgünstigen Unterkünften oder Camping, Selbstversorgung und Fahrten mit öffentlichen Verkehrsmitteln kannst du eine Menge sparen.

Kostenaufwand (täglich)
Unterkunft 15 € Dorm*
Lebensmittel 10 €
Transport 15-20 €

<u>Gesamt 45-50 € pro Person</u>

*Du kannst den Betrag um 10 € reduzieren, wenn du dein eigenes Zelt dabei hast und auf Campingplätzen übernachtest.

Für eine dreiwöchige Reise musst du also exklusive Flüge, Touren und Eintritt für die Nationalparks mit Kosten in Höhe von 1050 € pro Person rechnen.

Eine Reise für zwei Personen im Doppelzimmer, meist Selbstversorger und mit öffentlichen Verkehrsmittel unterwegs, kann mit folgenden Kosten kalkuliert werden:

Kostenaufwand (täglich)
Unterkunft 45-55 €
Lebensmittel 30 €
Transport 35-40 €

<u>Gesamt 110 -130 € = 55-65 € pro Person</u>

Vergiss jedoch nicht, den Bus- oder Bootstransport oder den Flug nach Patagonien mit einzuplanen. Längere Busreisen kosten mehr und du musst für alle Touren, die du machst, Geld kalkulieren, was im Allgemeinen ziemlich teuer sein kann. Die Eintrittsgelder für die Nationalparks sind ebenfalls unterschiedlich.

<u>Meine Budget-Tipps für Patagonien:</u>

- Nutze günstigere Billigfluggesellschaften wie Jetsmart, Sky Airline und Fly Bondi für günstige Flüge nach und in Patagonien.

- Um Transportkosten zu sparen, kannst du trampen oder ein Fahrzeug mit einer Gruppe von Leuten mieten.

- Nimm (oder leihe) ein Zelt mit und übernachte auf Campingplätzen. Versorge dich selbst und kaufe in Supermärkten ein.

- Vermeide unnötige Touren. Mit guter Ausrüstung kannst du vieles selbst organisieren.

9
DIE HIGHLIGHTS PATAGONIENS

Wahrscheinlich ist an dieser Stelle des Reiseführers bereits klar geworden, dass es in Patagonien eine ganze Menge zu sehen und zu tun gibt. Ich habe dort in den letzten 10 Jahren insgesamt 5 Monate verbracht und es steht noch eine Menge auf meiner Liste, das ich noch sehen möchte.

Hier erfährst du, was ich für die schönsten, unverzichtbaren Dinge in Patagonien halte:

9.1 Torres del Paine Nationalpark, Chile

Es wäre komisch, diese Liste nicht mit dem Torres del Paine Nationalpark zu eröffnen. Die Granittürme des Cerro Torre sind weltbekannt und die Wanderung im Nationalpark zählt zu den schönsten der Welt .Obwohl es machbar ist, einen Tagesausflug in den Park zu unternehmen (entweder mit einer Tour ab 40.000 CLP (55 €) oder einem Mietwagen, beide ab Puerto Natales), ist das Wandern auf dem fünftägigen W- oder zehntägigen O-Trail der beste Weg, die Schönheit dieses einzigartigen Naturwunders zu genießen.

Da die Popularität des Nationalparks jedes Jahr dramatisch zunimmt (etwa 250.000 Menschen waren es 2017), ist das W gerade in der Hauptsaison mittlerweile ziemlich überfüllt, was zu Problemen bei der Buchung der Campingplätze führen kann.

Stattdessen hat der Rundweg, "O" oder "Circuit" genannt, ein Limit von nur 70 Wanderern täglich. Obwohl es anstrengend ist, zehn oder elf Tage lang deine Campingausrüstung und Proviant zu tragen, ist die eigentliche Wanderung auch für diejenigen mit wenig Erfahrung zugänglich und absolut empfehlenswert. Mehr Informationen über den Torres del Paine Nationalpark bekommst du ab S.126.

9.2 Los Glaciares Nationalpark, Argentinien

Obwohl der Nationalpark Los Glaciares in Argentinien weniger bekannt ist, ist er ein wirklich beeindruckender Ort zum Wandern in Argentinien.

Ein Teil des Reizes - und was ihn vom immer schwieriger zu besuchenden Torres del Paine unterscheidet - ist die Tatsache, dass dieses Schutzgebiet über 17 herrliche Wanderwege verfügt. Viele sind miteinander verbunden und ermöglichen, mehrere Tage lang durch den Park zu wandern und zu campen, ohne ins nahegelegene El Chaltén zurückkehren zu müssen. Neben der anspruchsvollen Laguna de los Tres, der berühmtesten Wanderung im Park, gibt es auch den immer beliebter werdenden Huemul Circuit, einen 70 Kilometer langen, viertägigen Rundwanderweg, der in El Chaltén beginnt und endet und spektakuläre Ausblicke über das südpatagonische Eisfeld und natürlich den mächtigen Berg Fitz Roy bietet.

Laguna de los Tres, El Chaltén

9.3 Nationalpark Tierra del Fuego, Argentinien

Ein weiteres Top-Wanderziel ist der Tierra del Fuego Nationalpark. Geographisch gehört dieser zu Feuerland, aber da das Gebiet unmittelbar an Patagonien grenzt, lohnt sich ein Abstecher. Der Park liegt nur 12 Kilometer westlich von Ushuaia an der Spitze Argentiniens und ist somit für einen Tagesausflug leicht erreichbar. Wer länger bleiben möchte, findet im Park auch Campingplätze.

Wanderwege sind weniger zahlreich als im Nationalpark Los Glaciares, aber die Aussicht vom Cerro Guanaco Pfad macht den Besuch absolut lohnenswert. Zwar ist der Weg nur 8 Kilometer lang, aber insgesamt eine anstrengende achtstündige Wanderung, auf der du in nur vier Kilometern 1000 Meter aufsteigst, um den Gipfel zu erreichen. Von hier aus bietet sich ein unvergesslicher Panoramablick auf den Beagle Kanal und bei klarem Wetter bis nach Puerto Williams im chilenischen Patagonien.

Du solltest eine Karte herunterladen (ich empfehle die kostenlose App maps.me, wo du Karten für den Offlinegebrauch herunterladen kannst), da der Pfad bei schlechtem Wetter in einem Moor verschwindet.

Der Park ist auch ein großartiger Ort, um die Südlichter in einer wolkenlosen Nacht zu sehen.

Cerro Guanaco im Tierra del Fuego Nationalpark

Laguna Mariposa im Tierra del Fuego Nationalpark

9.4 Queulat Nationalpark, Chile

Der Queulat Nationalpark wurde er vor allem wegen seines gewaltigen Hängegletschers Ventisquero Colgante bekannt. Der weitläufige Park inmitten unberührter Natur liegt direkt an der berühmten Fernstraße Carretera Austral, etwa 20 Kilometer von der Stadt Puyuhuapi und drei Stunden von Coyhaique entfernt.

Inmitten felsiger Hänge und tiefer Täler konzentriert der Park einen Großteil des patagonischen Nebelwaldes. Die "immergrünen Wälder" beheimaten Bäume und Pflanzen wie Coigües, Tepas, Mañios, Zimtbäume und Tepús, sowie riesige Nalcas (Eine Art Riesen-Rhababer mit LKW-Reifen großen Blättern), die sich über die Vegetation erheben. Ebenso sind sie Lebensraum für Pudús (die kleinste Hirschart der Welt, Südandenhirsche, Pumas, Schwarzspechte, Schwarzhalsschwäne, Patagonienfüchse und Eisvögel.

Im Park kannst du verschiedene Trails absolvieren:

• Mirador Panorámico: ein kurzer Spaziergang vom Informationszentrum führt zu einem Aussichtspunkt auf den See und Gletscher. 200 m, einfach, 15 Min.

- Sendero El Aluvión: eine kurze Wanderung mit einigen Informationstafeln, die die Flora und die Geologie des Parks erklären. Nichts Unglaubliches oder wissenschaftlich Fortgeschrittenes, aber ein schöner Spaziergang. 350 m, leicht, 30 Min.

- Sendero Laguna Tempanos: kurzer Spaziergang entlang des Flusses zur Lagune mit einem wunderschönen Blick auf den See, gespeist vom hängenden Gletscher in der Ferne. Perfekt für ein Picknick an einem sonnigen Tag. 600 m, leicht, 40 Min.

- Sendero Ventisquero Colgante: Wanderung durch den wilden und dichten kalten Regenwald hinauf zu einem Aussichtspunkt mit einer beeindruckenden Aussicht auf Gletscher, Wasserfälle, sowie die Moräne darunter (Dies sind die Schuttablagerungen durch die Bewegung des Gletschers.) Dies ist der beste Ort, um die Eiszunge zu sehen. Der Weg geht stetig bergauf, ist aber für geübte Wanderer leicht zu bewältigen. 3,3 km, mittel, 2,5 Stunden.

Der Queulat Nationalpark ist mit dem Auto am einfachsten zu erreichen. Gerade bei einer Gruppe von Leuten lohnt sich ein Mietwagen, den du leicht in Coyhaique anmieten kannst. Die Preise sind recht hoch (80.000 – 100.000 CLP = ca. 100- 140€ pro Tag für ein Allradfahrzeug). Fahre nordwestlich von Coyhaique auf der Route 240 und biege dann bei der X-50 ab. Dann kommst du auf die Carretera Austral (Route 7), die direkt zum Parkeingang führt.

Bus fahren ist bei weitem die günstigste, aber nicht die einfachste Option, besonders wenn die Abfahrtzeiten nicht klar erkenntlich sind (keine Seltenheit in Patagonien) oder du nur schlecht spanisch sprichst. Von Coyhaique aus gibt es derzeit zwei Betreiber mit Verbindungen nach Puyuhuapi (Du musst einen Bus dorthin buchen und dann den Fahrer bitten, dich am Parkeingang abzusetzen):

Terra Austral: tägliche Abfahrt um 15:00 Uhr. Nehme den Bus nach Puyuhuapi und steige am Queulat Nationalpark aus.

Buses Becker: Abfahrt jeden Dienstag um 16:00 Uhr. Frage nach einem Ticket nach Puyuhuapi und steige am Queulat Nationalpark aus. Am Busterminal in Coyhaique kann auch ein Rücktransfer für dich arrangiert werden. Die Rückfahrt vom Park findet mittwochs gegen 14:30 Uhr statt. Sei auf jeden Fall aber eine halbe Stunde früher dort.

Bei der Ankunft im Queulat Nationalpark befindet sich ein Campingplatz in der Nähe des Eingangs. Es gibt auch Camping im Nationalpark für 5000 CLP (ca. 7 €) pro Nacht.

9.5 Pumalin Nationalpark, Chile

Der neu eingeweihte Nationalpark Pumalín wurde vom Milliardär Douglas Tompkins (dem Gründer der Marke North Face) gegründet und ist einer der landschaftlich sehenswertesten Parks auf der chilenischen Seite Patagoniens. Der Pumalín-Park bietet dem abenteuerlustigen Reisenden eine Fülle von Möglichkeiten zum Erkunden, Beobachten der Tierwelt, Lernen und Entspannen. Kajakfahrer können den Comao und Reñihué Fjord erkunden, wo häufig Delfine, Seelöwen und sogar Wale gesichtet werden.

In die Infrastruktur des Parks wurde viel investiert, mit sieben Wanderwegen, die von kurzen, einfachen Wanderungen bis hin zu Tagestouren reichen.

Ein Highlight ist der Aufstieg zum Krater des imposanten Chaitén-Vulkans. Er brach 2008 aus, begrub die nahe gelegene Stadt Chaitén unter Asche und Schlamm und zwang Tausende zur Evakuierung. Die Blicke in den Krater und bei Sonnenschein auf den Ozean sind von oben herab spektakulär.

Der Pumalín-Park ist ganzjährig für die Öffentlichkeit zugänglich und der Eintritt ist kostenlos. Der Park besitzt zwei Eingänge. Der Pumalín Nordeingang ist das ganze Jahr über geöffnet, verfügt aber über so gut wie keine Infrastruktur.

Du kannst nach Hornopirén auf der Carretera Austral, 110 km südlich von Puerto Montt, fahren. Von hier aus mit der Fähre nach weiter Caleta Gonzalo, was eine vorherige Reservierung erfordert, oder ein Boot mieten, um dich nach Süden auf den Comau-Fjord zu bringen.

Das Gebiet mit besserer Infrastruktur ist Caleta Gonzalo (Pumalin-West), 4,5 Stunden von Hornopirén und 60 km nördlich von Chaitén entfernt. Von Süden (Pumalín Süd) nach Chaitén fahren, entweder mit der Fähre von Puerto Montt aus oder auf der Straße von Osten (Futaleufú) oder Süden (Coyhaique, etc.).

Öffentliche Verkehrsmittel von Puerto Montt nach Caleta Gonzalo:

Kemel Buses bietet eine tägliche Bus-Fährverbindung nach Caleta Gonzalo an, die vom Busbahnhof in Puerto Montt abfährt.

Pto. Montt - Caleta Gonzalo - Chaitén:
Abfahrt 7:00 Uhr
Fahrzeit: 9 Stunden.
14.000 CLP
Kontakt: 56 (65) 253530
Internet: www.kemelbus.cl

Folgende Wanderungen kannst du im Park machen:

- Cascada Trail: Vom Wanderweg neben dem Café Caleta Gonzalo aus dauert diese Wanderung zu einem spektakulären Wasserfall etwa 3 Stunden hin und zurück. Der Weg führt durch üppigen valdivianischen Regenwald. Unterwegs geniesst man einen Aussichtspunkt mit Blick auf die Halbinsel Huequi.

Start: 50 Meter vom Informationszentrum oder Restaurant in Caleta Gonzalo entfernt.
Dauer: 3 Stunden Hin und zurück
Entfernung: 5,6 km
Schwierigkeitsgrad: leicht-mittel

- Ventisquero El Amarillo: Vom Campingplatz Ventisquero aus kannst du eine 10 Kilometer lange Wanderung zum Fuß des Michinmahuida-Gletschers unternehmen. Die Wanderung geht gut sechs Stunden hin und zuück, also solltest du früh am Morgen los laufen. Du musst den Fluss an seiner breitesten Stelle überqueren, nicht weit vom Campingplatz entfernt. Auf der Westseite des Flusses geht es weiter talaufwärts, bis man den Gletscher erreicht.

Start: Camping Ventisquero, Pumalín Sur.
Dauer: 6 Std. Hin und zurück
Entfernung: 20 km
Schwierigkeitsgrad: leicht-mittel

- Chaitén Vulkan: Im Mai 2008 brach der Volcán Chaitén nach 9000 ruhenden Jahren aus und verursachte enorme Schäden in Chaitén, Pumalín und sogar in Argentinien. Der Park war aus diesem Grund für zwei Jahre geschlossen, in denen umfangreiche Restaurierungsarbeiten durchgeführt wurden. Der neue Wanderweg beginnt 34 km südlich von Caleta Gonzalo, von wo aus du zum Krater hinaufsteigen kannst.

Start: Von der Carretera Austral, Los Gigios Brücke, 34 km südlich von Caleta Gonzalo.
Dauer: 3 Std. hin und zurück.
Entfernung: 4,4 km
Schwierigkeitsgrad: mittel - schwer

Im Pumalin Park gibt es insgesamt sechs Campingplätze, einige mit Hütten und (kalten) Duschen, ab 6.000 CLP pro Person.

9.6 Nationalpark Cerro Castillo, Chile

Weiter südlich entlang der Carretera Austral befindet sich der Nationalpark Cerro Castillo.

Das Gebiet ist vor allem für die spektakuläre, türkisblaue Lagune bekannt, die von den scharfen, wilden Granitwänden des Cerro Castillo dominiert wird ("Castillo" = Burg).

Es ist eine steile, eintägige Wanderung zur Lagune, die unmittelbar am Ortseingang von Villa Cerro Castillo beginnt. Laufe den ersten Weg rechts und nach ca. einem Kilometer kommst du an einen Parkplatz. Ein kleiner Bretterverschlag markiert den Eingang des Trails. Hier entrichtet man die 10.000 Pesos (14€) Eintritt, denn die ersten Kilometer führen durch Privatbesitz und werden dem Landbesitzer in den nächsten Jahren sicher einen ordentlichen Geldregen bescheren. Hier erhältst du auch einige Informationen über den Trail.

Folge immer den rot-weißen Wegmarkierungen. Der letzte Teil der Wanderung ist sehr steil und steinig. Passe hier besonders auf. Für den Hinweg habe ich insgesamt ca. 3 Stunden gebraucht. Eine Stunde lang habe ich die sensationelle Aussicht auf den Cerro Castillo genossen und war mit 1,5 Stunden recht schnell wieder unten im Tal. Plane also etwa 6-7 Stunden für die Wanderung ein.

Es gibt immer mehr Reisende, die sich für die 47 Kilometer lange, viertägige Cerro Castillo Traverse entscheiden. Der Rundweg beginnt an einer Kreuzung der Carretera Austral, Las Horquetas, nördlich von Villa Cerro Castillo und folgt am ersten Tag dem Fluß Rio Turbio. Am zweiten Tag überquert man einen Pass, der zum Fluss hinunterführt, bevor man zu einem Campingplatz unterhalb der Laguna Castillo hinaufsteigt. Der dritte Tag führt hoch zur Lagune mit atemberaubendem Blick auf den Cerro Castillo, bevor es in ein Tal auf der anderen Seite des Berges bis zum Camp New Zealand geht. Der Trek endet am vierten Tag mit einer Wanderung zu einer Lagune mit Blick auf den Circo-Gletscher und einer anschließenden Wanderung zurück nach Villa Cerro Castillo. Diese Wanderung bietet alles, einschließlich einer fast 360° Aussicht auf den Cerro Castillo an den vier Tagen.

Denke daran, dass du für diese Wanderung entsprechende Ausrüstung wie Zelt, Schlafsack und Proviant mitnehmen musst.

Es gibt zwei Möglichkeiten, von Coyhaique aus zum Start des Trails zu gelangen:

Nimm den Bus (Buses Sao Paulo) um 9:00 Uhr vom Terminal (1 Stunde Fahrt / 5000 CLP, ca. 6,50 €) nach Las Horquetas. Wenn der Bus nicht fahren sollte, kostet ein Shuttle 50.000 CLP (ca. 64 €). Der Weg nach Las Horquetas führt über einen Parkplatz, wo du dich vom Bus absetzen lassen kannst.

9.7 Nationalpark Patagonia, Chile

Es ist schwer zu sagen, welcher mein Lieblings-Nationalpark in Patagonien zum Wandern ist, aber der Nationalpark Patagonia ist definitiv im Rennen.

Der Park, ein weiteres von Douglas Tompkins gegründetes Schutzgebiet, hat eine atemberaubende Natur, die von Lagunen auf Berggipfeln über staubige, sonnenverbrannte Steppe bis hin zu kuriosen Gesteinsformationen reicht.

Hier kannst du den spektakulären Lagunas Altas Trail erkunden. Es ist eine anspruchsvolle 23 Kilometer lange Tageswanderung, die die Südseite des Tals, in der sich ein Großteil des Parks befindet, hinaufführt, durch einen Lenga-Wald an schönen azurblauen Lagunen vorbei klettert und sich dann wieder zum Campingplatz zurück schlängelt.

Es gibt auch eine dreitägige, 52 Kilometer lange Wanderung, bekannt als Traversía Jeinimeni-Avilés oder Sendero Valle Hermoso-Valle Chacabuco, die vom Nationalpark Patagonia in das Naturreservat Jeinimeni führt.

Von Coyhaique kannst du einen Bus Richtung Cochrane nehmen und dich 17 Kilometer vor der Stadt vom Bus bei der Station El Cruce Entrada Baker absetzen lassen. Von hier sind es 6 Kilometer zu Fuß bis zum Parkeingang.

Landschaft im Patagonia Nationalpark

9.8 Perito Moreno Gletscher, Argentinien

Der Perito Moreno ist der berühmteste Gletscher Patagoniens, nur wenige Autostunden von El Calafate in Argentinien entfernt.

Obwohl er bei weitem nicht der größte der Gletscher Patagoniens ist, ist das Einzigartige an diesem mächtigen Brocken tausendjährigen Eises, wie nah man seiner Abbruchkante kommen kann. Es gibt Holzstege, die es dir ermöglichen, der Hauptwand des Eises von links nach rechts, nur wenige hundert Meter entfernt, zu folgen. Für einen anderen Blickwinkel auf den Riesen kannst du eine Bootstour machen oder eine Kajaktour buchen.

Die Wege sind in den Sommermonaten voller Besucher. Wenn du die Massen vermeiden willst, nehme den frühesten öffentlichen Bus, der vom Busbahnhof in El Calafate abfährt.

Der Busbahnhof in El Calafate befindet sich in der Straße Jean Mermoz 104. Kaufe dein Busticket zum 'Glaciar Perito Moreno'. Es gibt ein paar Busunternehmen, die zum Gletscher fahren (z.B. CalTur). Der Preis für dieses Ticket beträgt 500 ARS (ca. 13 €) für Hin- und Rückfahrt.

Die Busse fahren je nach Unternehmen entweder um 08:30 oder 09:00 Uhr. Es ist durchaus möglich, deine Busfahrkarten am gleichen Tag zu kaufen. Achte nur darauf, dass du ca. 20 Minuten vor der Abfahrt am Busbahnhof bist.

Die Fahrtzeit bis zum Ziel beträgt ca. 90 Minuten. Nach etwa einer Stunde hält der Bus am Eingang des Los Glaciares Nationalparks. Hier kommen die Parkranger in den Bus und nehmen das Geld für den Eintritt entgegen. Kosten: 600 ARS (ca. 15 €) pro Person (unbedingt Bargeld mitbringen, sie akzeptieren keine Kreditkarten).

Schließlich kommt der Bus am Ende der Straße an und hast schon freie Sicht auf den Perito Moreno Gletscher. Hier steigst du aus und kannst entweder eine Wanderung machen oder Boot-Tickets für eine Fahrt zum Gletscherrand kaufen.

9.9 Villa O´Higgins, Chile

Am Ende der 1.240 Kilometer langen Carretera Austral liegt der Ort Villa O'Higgins. Dieses winzige, 600 Einwohner zählende Dorf ist unauffällig, aber in der näheren Umgebung kann man den bezaubernden O'Higgins-Gletscher besuchen, eine 75.000 Hektar große und 38 Kilometer lange Scheibe aus dichtem, komprimiertem Eis.

Eismassen am Perito Moreno Gletscher

Du kannst eine sechsstündige Bootsfahrt mit dem lokalen Betreiber Robinson Crusoe für 82.000 CLP (ca. 110 €) unternehmen oder, noch spektakulärer, mit dem erfahrenen kanadischen Piloten Vincente Beasley über das Eis fliegen. Der Flug kostet ab 190.000 $ CLP (250 €) pro Person; weitere Informationen findest du unter www.wingspatagonia.com.

9.10 Marmorhöhlen "Capillas de mármol", Chile

Die surrealen Muster der Marmorhöhlen im Lago General Carrera sind wahrscheinlich die berühmteste Sehenswürdigkeit entlang der Carretera Austral. Gebildet, als die Winde die Gischt des Sees aufwirbelten und den weicheren Kalkstein erodierten, sind diese Grotten ein Meisterwerk der Natur und einzigartig auf der Welt.

Die Höhlen sind nur mit dem Boot oder Kajak von Puerto Río Tranquilo oder Chile Chico aus zugänglich.

Die Farbe des Lago General Carrera ändert sich mit dem Licht, so dass sich ein Besuch in den frühen Morgenstunden anbietet. Die Boote starten in Puerto Río Tranquilo und eine Tour kostet ab 10.000 CLP (ca. 13 €). Busse von Coyhaique nach Chile Chilco halten in Puerto Rio Tranquilo (Di.- So. um 9 Uhr, Buses Seguel, 8000 $ CLP / 10,50€)

Marmorhöhlen Capillas de mármol

Fahrt zu den Marmorhöhlen im Lago General Carrera

9.11 Caleta Tortel, Chile

Caleta Tortel ist ein magisches Dorf am Fjord, fast am Ende der Serpentine Carretera Austral. Es gibt hier keine Straßen, stattdessen ist das Dorf durch eine Reihe von Zypressenwaldwegen verbunden, die über milchig-blaues Schmelzwasser führen, die sowohl aus den nördlichen als auch aus den südlichen Eisfeldern Patagoniens herausfließen. Ein Ort wie aus einem Märchen entsprungen.

Von der Stadt aus fahren die Einheimischen mit dem Boot zu den hängenden Gletschern und der geheimnisvollen Isla de los Muertos ("Insel der Toten"). Hier zeugen 33 Kreuze vom Tod der ersten Chilenen, die in der Region lebten und von denen angenommen wird, dass sie von der Forstfirma, die sie beschäftigte, vergiftet wurden.

Du kannst entweder die Fähre von Puerto Natales nehmen oder mit dem Minibus von Cochrane, der nächstgelegenen Stadt an der Carretera Austral, über Land ankommen.

9.12 Puerto Willams

Das bestgehütete Geheimnis des chilenischen Patagoniens ist - zumindest meiner Meinung nach - Puerto Williams.

Die südlichste Siedlung der Welt (nein, es ist nicht Ushuaia) liegt am Südufer des Beagle-Kanals auf der Navarino Insel.

Puerto Williams ist bezaubernd wegen seines abgelegenen, wilden Charakters. Pferde streifen ziellos durch die Straße und die meisten Einwohner der Stadt gehören der chilenischen Marine an. Der Tourismus nimmt jedoch zu, unterstützt auch durch das ausgezeichnete Museo Martín Gusinde, das umfangreichste Museum Chiles über die Seefahrt und die Yámana-Indianer, einem fast ausgestorbenen Stamm (die letzten Nachkommen leben noch immer hier auf der Insel).

Aber es ist auch ein immer beliebterer Ort zum Wandern in Patagonien. Der 53,5 Kilometer lange Dientes de Navarino ist eine schwierige, fünftägige, vier Nächte dauernde Wanderung, die das gleichnamige Gebirge umrundet und durch Torfmoore und karge, exponierte Felswände führt. Eine atemberaubende Aussicht auf die Insel Navarino und das Gefühl, sich am äußersten Ende der Welt zu befinden, inklusive.

Man findet nicht sehr viel über die Wanderung im Internet. Wikiexplora hat einen ziemlich detaillierten Guide. Wenn du einen Reiseleiter engagieren oder einfach nur aktuelle Informationen erhalten möchtest, wende dich an die lokale Trekkingagentur Explora Isla Navarino (*Centro Comercial 140B*).

Caleta Tortel

Wanderung auf dem Dientes de Navarino bei Puerto Williams

9.13 Futaleufú, Chile

Im Norden der Carretera Austral und an der Grenze zu Argentinien ist Futaleufú eine der malerischsten Städte Patagoniens. Eingebettet in ein Flusstal und umgeben von grün bewachsenen Bergen, ist diese Stadt trotz ihrer abgelegenen Lage weltweit bekannt - dank des Futaleufú-Flusses, der hier vorbeifließt.

Dieser tosende Fluss fließt durch 47 Stromschnellen mit den Klassen III und IV und IV+, was ihn zu einer der besten Orte für Wildwasser-Rafting und Kajaking auf der Welt macht.

Ein Besuch ist von November bis März empfehlenswert, obwohl das Ende der Saison stabilere Wetterbedingungen und höhere Wasserstände hat. In der Stadt gibt es viele Agenturen, die Touren durchführen (z.B. mit www.patagoniaelements.com, Preise ab 50.000 CLP /ca. 65 €). Die meisten von ihnen haben internationale Reiseleiter und alle sprechen ausgezeichnetes Englisch. Für weniger wasseraffine Menschen gibt es auch viele nahegelegene Wanderwege.

9.14 Cueva de las Manos, Argentinien

La Cueva de las Manos (Höhle der Hände), ist eine bemerkenswerte Höhle mit 9.500 - 13.000 Jahre alten Höhlenmalereien in der Nähe der Stadt Perito Moreno (nicht zu verwechseln mit dem Gletscher) in Argentinien.

Die Steinwände der Höhlen sind mit inversen Handabdrücken übersät: Farben aus natürlichen Mineralien sollen durch hohle Tierknochen geblasen worden sein, um den Effekt von Sprühfarbe zu erzeugen. Es gibt buchstäblich Tausende von alten Handabdrücken, deren wechselnde Stile und Formen den unterschiedlichen künstlerischen Geschmack der verschiedenen Stämme kennzeichnen.

Auf diesen unglaublichen Wandbildern sind Guanako-Jagdszenen, Darstellungen der Sonne und leicht bizarre, riesige Schamanenbilder abgebildet. Hinzu kommt die faszinierende Einbeziehung einer Reihe von Sechsfingerhänden sowie die Umrisse winziger Babyhände, von denen Archäologen annehmen, dass sie zu Kindern bedeutender Stammesmitgliedern gehörten.

Da die Cuevas de las Manos sehr abgelegen in der patagonischen Wüste liegt, organisierst du einen Besuch am besten mit einer Agentur aus Los Antiguos, z.B. mit www.chelencotours.tur.ar

Futaleufú Fluß

Cueva de las Manos, Argentinien

Magellan-Pinguine auf der Isla Magdalena

9.15 Isla Magdalena, Chile

Du stehst auf Pinguine? Wer nicht. Die sind aber auch putzig. Auf der Isla Magdalena leben nicht nur 2,3… nein, gleich 60.000 Brutpaare der lustigen Frackträger (Magellanpinguine) haben die Insel als ihr Domizil auserkoren (Dementsprechend riecht es auch ein wenig streng hier).

Die Insel (braun & kahl) selbst ist in etwa so interessant wie ein Rewe Parkplatz, aber die Pinguine machen die Tristesse wieder wett. Überall watscheln sie in ihrer lustigen Gangart umher. Verkehrsführung Fehlanzeige. Ein Wunder, das sie bei dieser Überbevölkerung ihr eigenes Nest wiederfinden.
So nah wie hier kommst du wahrscheinlich nirgends an sie ran. Aber Vorsicht, mit Pinguinen ist nicht zu spaßen, wenn es um die Verteidigung ihres Baus oder des darin befindlichen Ei geht. Dann wird schnell und gern zugehackt. Auf jeden Fall ist es ein einmaliges Erlebnis, das du so schnell nicht vergessen wirst.

Die Halbtages Tour bringt dich mit einem Schiff auf die Insel (30 Kilometer, Fahrtdauer 1:30 Std.), wo man sich einer Stunde den Tieren widmen kann. Abfahrt vom Hafen in Punta Arenas. Tickets bekommst du bei TABSA (www.tabsa.cl) Preis 50.000 CLP = ca. 65 €)

9.16 Ushuaia

Die herrliche Landschaft, ein ehemaliges Gefängnis, das Tor zur Antarktis und einige Fjorde und Gletscher bieten viele Möglichkeiten für abenteuerliche Aktivitäten. Die ehemalige Strafkolonie ist heute eine große Touristenstadt, so dass du viele Wanderungen, Touren, Skipisten und Bootsfahrten findest, die deine Tage hier ausfüllen werden. Das Wort „Ushuaia" kommt aus der Sprache der Ureinwohner Yámana und bedeutet so viel wie „Bucht, die nach Osten blickt". Die Stadt mit ca. 57.000 Einwonnern vermarktet sich als "Ende der Welt" und ihren Wachstum hat sie vor allem den Antarktis-Touristen zu verdanken, die von hier zum Kontinent aus Schnee & Eis aufbrechen.

Die Fahrt durch den Beagle-Kanal ist ein unverzichtbarer Bestandteil der Ushuaia-Erfahrung und ein Muss für jeden, der die Reise nach Feuerland unternimmt. Diese Kanalüberquerung bietet Besuchern einige der besten Ausblicke auf Ushuaia und die patagonische Landschaft. Vom Boot aus kannst du auch die Isla de los Lobos und die Isla de Pajaros sehen, wo du Seelöwen bzw. Vögel beobachten kannst.

Es gibt zahlreiche Anbieter für die Fahrt im Hafen von Ushuaia. Die Touren starten bei 50€ für ca. 3 Stunden.

Mehr über die Besiedlungsgeschichte der Stadt und Feuerlands erfährst du im Museo Fin del Mundo. (*Av. Maipú 173, Öffnungszeiten Mo- Sa 10-17 Uhr, So geschlossen*)

Das Museo Maritimo y del Presidio (*Av. Gobernador Paz, Mo- So 10-18 Uhr*) im ehemaligen Gefängnis zeigt Einblicke in das Gefängnisleben der damaligen Zeit. Ebenso sind Sammlungen ausgestellt, die die Seefahrtsgeschichte der Region von der Entdeckung der Magellanstraße, dem Leben und den Bräuchen der Yámana-Indianer bis hin zu den Legenden der Goldsucher und dem Leben in den patagonischen Estancias und der Pioniere veranschaulichen.

Einen fantastischen Panoramablick auf den Beagle-Kanal und die Stadt hast du vom Cerro Martial aus. Man kann mit dem Taxi oder einem Minivan hinfahren. *(Abfahrt an der Ecke Avenida Maipu / Juana Fadul)*. Warme Kleidung und festes Schuhwerk nicht vergessen.

Ushuaia hat mehrere Skigebiete, von denen die beliebtesten Cerro Castor sind, bekannt für die längste Skisaison Südamerikas mit 28 Loipen für jedes Niveau, und Glacier El Martial, ein beliebtes Skigebiet auch im Sommer.

Du willst in die Antarktis? Normalerweise kosten diese Touren, wenn du sie im Voraus buchst, zwischen 8-10.000 €. In Ushuaia kannst du mehr Glück haben und Restplätze auf einem der Schiffe ergattern. Dann plane zusätzliche Zeit (zwei Wochen) ein und habe ordentlich Cash im Geldbeutel. Gehe durch Ushuaia und klappere die Agenturen ab. Das billigste Paket, von dem ich gehört habe, war eine 8-tägige Bootsfahrt Anfang der Saison (November) für rund USD 3.000. In der Regel kostet der Trip in die Antarktis von Ushuaia aus 4-5000 USD.

Alle Agenturen bieten ähnliche Pakete an, aber es lohnt sich, die Leistungen zu vergleichen (wie viele Personen sind auf dem Schiff? Wie oft ist Landgang? Wie ist die Verpflegung?).

10
TORRES DEL PAINE NATIONALPARK

Wer kennt es nicht, dieses bekannte Bild der spitzen Granit-Türme des Torres del Paine Nationalparks inmitten unberührter Natur?

Jahr für Jahr zieht es tausende Wanderer in den tiefen Süden des südamerikanischen Kontinents, um eine der schönsten Wanderungen zu machen, die diese Welt zu bieten hat. Das Schutzgebiet im chilenischen Teil von Patagonien bietet ein vielseitiges Outdoor-Erlebnis mit mächtigen Gletschern, schroffen Bergen und glasklaren Seen direkt am südpatagonischen Eisfeld, dem größten Gletschergebiet auf der Südhalbkugel außerhalb der Antarktis.

Am besten lässt sich der Torres del Paine Nationalpark auf einer der Mehrtages-Trekkingrouten, dem "W-Trail" oder, für ambitionierte und erfahrene Wanderer, auf dem Rundwanderweg, dem "O-Trail" erkunden.

In diesem Kapitel verrate ich dir alles über den Trail, die Buchung der Unterkünfte und die Vorbereitung auf den Trek.

10.1 Anreise

Aus Chile:
Von Santiago kannst du mit LATAM oder Sky Airlines nach Punta Arenas fliegen (Die Preise beginnen bei frühzeitiger Buchung bei 60 €). Von Punta Arenas (Flughafen oder Stadtzentrum) aus fahren reguläre Busse mehrmals täglich nach Puerto Natales, dem Ausgangspunkt für einen Besuch des Torres del Paine Natonialparks. (Buses Fernandez, Buses Pacheco oder Bus Sur) Die Tickets für Bus Sur kannst du vorab online auf Recorrido.cl kaufen.

Aus Argentinien:
Von Buenos Aires aus kannst du mit Aerolinas Argentinas nach El Calafate fliegen. Dort gibt es Busverbindungen nach Puerto Natales. Die Strecke beträgt 350 km und die Fahrt dauert 4 bis 4,5 Stunden mit Grenzüberquerung. (Bus Sur, 13.000 CLP / ca. 17 €, Tickets kannst du vorab online kaufen)

Von Puerto Natales:
Die Parkgrenze liegt ca. 115 km von Puerto Natales entfernt. Es gibt verschiedene Parkeingänge mit unterschiedlichen Öffnungszeiten. Die Parkeingänge Sarmiento und Laguna Amarga sind ganzjährig von 8.30 bis 20:30 Uhr geöffnet.

Von Oktober bis April fahren täglich mehrere Busunternehmen (Bus Sur, Buses Fernandez) von Puerto Natales zu den Parkeingängen Laguna Amarga, Administracion und Pudeto. Die Abfahrtszeiten von Bus Sur sind 07:00, 07:15 und 12:00 Uhr, sollten aber vor Ort nochmal auf Aktualität gecheckt werden (Am besten direkt nach Ankunft). Die Einzelfahrt kostet 8.000 CLP (ca. 10€), Hin- und Rückfahrt kosten 15.000 CLP (ca. 19 €). Tickets kannst du online bei Bus Sur kaufen. Die Fahrtdauer zum Terminal Laguna Amarga beträgt ca. 2 Std., zum Terminal Pudeto ca. 3 Std.

Mein Tipp in der Hauptsaison: Besorge Dir das Ticket gleich nach deiner Ankunft in Puerto Natales oder vorab online, da sie schnell vergriffen sind.

10.2 Vorbereitung auf das Trekking im Torres del Paine

Vor Beginn der Wanderung im Torres del Paine Nationalpark solltest du dich im CONAF-Büro in Puerto Natales oder an einem der Eingänge registrieren. Ich empfehle dir, dies vorab in Puerto Natales zu tun, speziell in der Hochsaison (Januar & Februar). Das Büro ist Mo – Do von 8.30 Uhr bis 12 Uhr und von 14.30 Uhr bis 17.00 Uhr geöffnet.

Es befindet sich an der Ecke der Straßen Baquedano und Yungay in Puerto Natales in der Nähe des Erratic Rock Hostel.

- Du MUSST Reservierungen für alle Lager haben, in denen du übernachten möchtest. Ob es sich nun um kostenlose Campingplätze, bezahlte Campingplätze oder die Refugios handelt, du musst eine ausgedruckte Reservierung (oder einen Nachweis darüber auf deinem Smartphone) haben, die du den Rangern in den Camps zeigen kannst.

- Jeden Tag findet im Erratic Rock Hostel in Puerto Natales ein Info Seminar mit Tipps zum Trekking im Torres del Paine statt.

- Im Park gibt es keine Geldautomaten. Es empfiehlt sich, genügend Bargeld und/ oder die Kreditkarte dabei zu haben.

- Du solltest für die Hauptsaison sowohl die Campingplätze als auch die Refugios am besten sechs Monate im Voraus reservieren.

- Lebensmittel sind sehr teuer im Park. Zudem gibt es nur eine beschränkte Auswahl. Kaufe alles vorab in Punta Arenas (günstiger) oder Puerto Natales (teurer) ein, was du für die Tour benötigst. Müsli- bzw Powerriegel, Pasta, Nüsse bzw. Studentenfutter und Instant Tütensuppen bieten sich an. Auf Dosen solltest du aufgrund des Gewichts verzichten.

10.3 Parkeingänge

Es gibt drei Eingänge zum Park, die du je nach Route wählen kannst. Wenn du planst, das "W" oder das "O" zu laufen, bringt dich der Bus von Puerto Natales zum Eingang der Laguna Amarga, von wo aus du einen weiteren Bus zum Ausgangspunkt (Las Torres, 3000 CLP / ca. 4 €) nehmen kannst. Du kannst die Strecke alternativ auch zu Fuß zurücklegen (7 km). Es gibt noch einen weiteren Eingang (Pudeto). Um von dort in den Park zu gelangen, musst du den Katamaran über den Lago Pehoé (18.000 CLP /ca. 23€ einfacher Weg, Abfahrt 9:00, 11:00, 14:00, 16.15 & 18:00 Uhr) nehmen. Du startest dann ab dem Campingplatz Grey deine Wanderung.

10.4 Eintritt

Der Nationalpark wird von der chilenischen Forstbehörde CONAF betrieben und ist grundsätzlich das ganze Jahr geöffnet. Allerdings ist im Winter der "O-Trail" und meist auch das Valle Frances (Teil des "W") nicht immer zugänglich (gerade im Winter). Der Eintritt kostet in der Hauptsaison für Ausländer 21.000 CLP* (ca. 29 €), in der Nebensaison 11.000 CLP* (ca.15 €). Wenn man den Park mit dem Bus erreicht, wird man durch verschiedene Stationen zur Registrierung, Zahlung und Video Belehrung geführt.

*Stand 2018

Man erhält eine Karte mit allen wichtigen Informationen, so dass man sich im Voraus keine kaufen muss. Die Belehrung erklärt die Sicherheitsbestimmungen im Park, da bereits mehrfach durch unsachgemäßen Umgang mit Feuer schwere Waldbrände ausgebrochen sind (Zuletzt 2012, als ein israelischer Wanderer Klopapier verbrannt und einen Teil des Parks abgefackelt hat). Aus diesem Grund sollte man möglichst auch nur einen Gaskocher mitnehmen. Offenes Feuer ist verboten und wird mit drastischen Strafen geahndet. Also immer schön vorsichtig!

10.5 Reisezeit für den Torres del Paine Nationalpark

Der W-Trek ist das ganze Jahr über geöffnet, aber vom 1. Mai bis Anfang September ist ein offizieller Guide erforderlich. Alleinreisende dürfen den Park in dieser Zeit nicht betreten. Andernfalls drohen hohe Geldstrafen, wenn man von den Rangern erwischt wird.

Patagonien und der Nationalpark Torres del Paine sind das ganze Jahr über eine Reise wert. Natürlich ist der Winter eine ganz besondere Herausforderung, es hat aber auch seinen Reiz, den Park in einer verschneiten Winterlandschaft zu erleben. Hier muss allerdings beachtet werden, dass die Transportmöglichkeiten eingeschränkt und einige Refugios über den Winter geschlossen haben. Es bedarf einer guten Vorbereitung und entsprechender Ausrüstung. Informiere dich auf jeden Fall vorab bei den Betreibern der Camps.

Ich würde dir den Frühling (Oktober bis Anfang Dezember) für den Besuch empfehlen. Das Klima ähnelt dem im Sommer und die Zahl von Parkbesuchern hält sich in noch in Grenzen. In dieser Zeit fangen die Wildblumen Patagoniens zu blühen an – einer der schönsten Zeitpunkte für den Besuch des Parks.

Die Hauptsaison im Sommer, also von Dezember bis Anfang März (im Februar sind in Südamerika Sommerferien) zieht zweifellos die meisten Besucher in den Nationalpark Torres del Paine. Es ist die wärmste Jahreszeit in Patagonien, allerdings ist der Park sehr überlaufen.

Im Herbst von Mitte März bis Juni beginnt die Landschaft im Torres del Paine, sich in herbstliches Rot und Gelb zu verwandeln. Im Herbst besuchen weniger Menschen den Park, alles geht ein wenig ruhiger zu. Ideal um die Ruhe und Einsamkeit Patagoniens zu genießen.

10.6 Trekking-Tipps

Du musst kein Hardcore Wanderer sein, um den W-Trail zu absolvieren. Eine gewisse Grundfitness sollte jedoch vorhanden sein. Folgende Dinge solltest du beim Trekking beachten:

• Wäge Entfernungen und Zeit ab, bevor du mit der Wanderung beginnst. Lege Dir ein Tageslimit fest und überschätze dich nicht.

• Laufe dein Tempo und teile deine Kondition gut ein. Lege Ruhepausen ein.

- Denke an genügend Wasser für den Weg (es empfiehlt sich ein Minimum von 2 l Wasser pro Tag und Person). Das Wasser im Park ist sauber und problemlos trinkbar, Bäche am Wegrand zum Nachfüllen der Flaschen sind zahlreich. Mineralwasser kannst du in den Refugios kaufen, ist aber teuer und nicht notwendig. Bitte verzichte so gut es geht auf Plastikmüll.

- Auf Wetterveränderungen achten. Patagonien ist bekannt für seine Wetterumschwünge, "vier Jahreszeiten an einem Tag" sind keine Seltenheit.

- Geeignete bequeme Kleidung zum Wechseln mitnehmen.

- Gute Wanderschuhe mit hohem Schaft und rutschfester Profilsohle anziehen.

- Nimm auf jeden Fall einen warmen, guten, aber auch leichten Schlafsack mit. Man kann zwar vor Ort welche ausleihen – die Qualität ist aber oftmals nicht ausreichend.

- Magnesium-Tabletten helfen gegen müde Muskeln.

- Iss nicht zu viel auf einmal, sondern verteile die Mahlzeiten auf vier bis sechs kleinere Einheiten. Dadurch muss der Körper weniger Energie auf die Verdauung verwenden und du bist leistungsfähiger.

Guanakos im Torres del Paine Nationalpark

Campingplatz Torre Central

10.7 Campingplätze buchen

In den letzten Jahren ist die W- und O-Wanderung durch den Torres del Paine Nationalpark zu einer der gefragtesten Aktivitäten des südamerikanischen Kontinents geworden. Diese neu gewonnene Popularität (2017 hat die Besucherzahl eine Viertelmillion erreicht) hat jedoch zu enormen Schwierigkeiten für potenzielle Besucher geführt, was die Buchung von Zeltplätzen im Park angeht. Je früher du dich an die Planung setzt, umso größer sind die die Chancen, noch einen Platz zu ergattern.

Als jemand, der sowohl den W- als auch den O-Trail gewandert ist, habe ich den Prozess der Reservierung von Torres del Paine Campingplätzen durchlaufen und zeige dir, wie und wo du am besten buchst.

Die Campingplätze im Park werden von drei verschiedenen Anbietern verwaltet:

10.7.1 CONAF

Es gibt vier kostenlose Campingplätze im Park, die von der chilenischen Parkbehörde CONAF verwaltet werden: Las Carretas, Italiano, Paso und Torres (geschlossen in der Saison 2018/2019).

Du musst deinen Platz für die Plätze Italiano und Torres im Voraus reservieren und darfst dort nur auch nur eine Nacht verbringen. Je früher du die kostenlosen Campingplätze buchst, desto besser.
Die kostenlosen Camps kannst du auf der offiziellen Website vom Torres del Paine oder im CONAF Büro in Puerto Natales reservieren.

10.7.2 Fantastico Sur

Die Campingplätze Chileno, Serron, Cuernos und Frances gehören zu Fantastico Sur. Um ein Stellplatz oder einen Schlafplatz im Dorm eines Refugios zu buchen, gehe auf die Webseite zu www.int.fantasticosur.com/en/online/. Wenn du Schwierigkeiten hast, eine Reservierung vorzunehmen, kontaktiere sie per E-Mail unter info@fantasticosur.com. Die Mitarbeiter sprechen auch gutes Englisch. Außerdem haben sie ein Büro in Puerto Natales: Esmeralda 661, Puerto Natales.

Preise Fantastico Sur (2018/19)

Campingplätze Central, Chileno, Cuernos, Francés & Serón: 20 US$

Camping voll ausgestattet (Zelt, Schlafsack): 42 US$

Schlafplatz in den Refugios Central, Chileno, Cuernos, Francés: 110 US$

10.7.3 Vertice Patagonia

Die restlichen Campingplätze gehören zu Vertice Patagonia (www.verticepatagonia.cl): Grey und Paine Grande (W-Trail), Dickson, Los Perros (nur O-Trail).

Du kannst nicht mehr nur einen ihrer Campingplätze buchen, sondern musst sie in Gruppen buchen, so wie der Weg verläuft. Wenn du vor hast, den O-Trail zu laufen und auf dem kostenlosen CONAF Paso Campingplatz zu übernachten, stelle sicher, dass du einen zeitlichen Abstand von einem Tag zwischen Los Perros und Grey oder Paine Grande hast.

Um eine Reservierung bei Vertice Patagonia zu tätigen, musst du im ersten Buchungsfenster im Bereich Passenger/Pasajero "Another" oder "Otro" auswählen und USD auswählen. Danach wähle im zweiten Fenster "Circuito W" (oder für den O-Trail "Circuito O) aus und welche Camps und Unterbringung du reservieren willst. Wenn du irgendwelche Probleme mit der Buchung deines Platzes in einem Refugium oder dem Campingplatz hast, kontaktiere Vertice Patagonia direkt über ventas@verticepatagonia.

Preise Vertice Patagonia (2018/19)

Paine Grande:
Camping mit eigener
Ausrüstung p/P: $10 USD.

Schlafplatz im Refugio mit eigenem Schlafsack:
$55 USD

Grey:
Camping mit eigener Ausrüstung p/P: $8 USD.

Schlafplatz im Refugio mit eigenem
Schlafsack: $35 USD

Dickson (O-Trail):
Camping mit eigener
Ausrüstung p/P: $20 USD plus
zusätzliche $11 USD bei Einzelbelegung.

Kosten für einen Schlafplatz im Refugio mit
eigenem Schlafsack: $35 USD

Los Perros (O-Trail):
Camping mit eigener Ausrüstung: $8 USD

Wichtig: Drucke deine Reservierungsbestätigungen für die Unterkünfte im Park aus und nimm sie mit.

Die Ranger prüfen sehr genau, wer über die notwendigen Reservierungen verfügt. Es gibt immer wieder Fälle, dass Leute zurückgeschickt wurden, weil sie nicht nachweisen konnten, dass sie eine Reservierung auf einem Campingplatz hatten.

Du kannst die Reservierungsbestätigungen auch auf dein Handy herunterladen. Stelle unbedingt sicher, dass du genügend Akku hast (ich empfehle, eine Powerbank mitzubringen).

10.8 Der W-Trail im Torres del Paine Nationalpark

Als W-Trail bezeichnet man die 4-6 tägige Mehrtageswanderung, in der du nur den südlichen Teil des Massivs in Form eines W erwanderst. Auf dem Trail erreichst du die drei Hauptsehenswürdigkeiten im Park: den Grey Gletscher, das Valle Frances und den Cerro Torre. Man kann den Trek in beide Richtungen wandern.

Der W-Trail von Westen aus:

Die meisten Menschen beginnen den W-Trail von Westen her. Das beinhaltet:

1. Mit dem Bus von Puerto Natales um 7.30 Uhr zur Katamaran-Haltestelle. Ankunft 10.45 Uhr.

2. Mit dem Katamaran geht es auf die 25-minütige Fahrt über den Lago Pehoe. Dieser Service wird von Hielos Patagonicos betrieben, mit Abfahrten um 9:00, 11:00, 16.15 und 18:00 Uhr zwischen Dezember und März (und 11 Uhr und 18 Uhr zwischen September, November und April (18.000 CLP / 24 € einfach, 28.000 CLP / 37 € hin und zurück, nur bar).

Tickets können nicht im Voraus reserviert werden; du kaufst sie direkt am Fährhafen.

3. Start des W-Treks vom Refugio und Camping Paine Grande aus.

Bei dieser Route wanderst du am ersten Tag zu den Aussichtspunkten des Grey-Gletschers und am dritten oder vierten Tag steigst du zu den Türmen vom Cerro Torre hinauf, bevor es zurück nach Puerto Natales geht.

Von Westen her sind die Campingplätze entlang des W-Trail wie folgt angeordnet:

- Refugio und Camping Paine Grande
(bezahlter Campingplatz und Refugio von Vertice Patagonia)

- Refugio und Camping Grey
(bezahlter Campingplatz und Refugio im Besitz von Vertice Patagonia)

- Camping Italiano
(kostenloser Campingplatz im Besitz der CONAF)

- Camping Francés
(bezahlter Campingplatz von Fantastico Sur)

- Refugio und Camping Los Cuernos
(bezahlter Campingplatz und Refugio von Fantastico Sur)

- Refugio und Camping Torres Central/Norte
(bezahlter Campingplatz und Refugio von Fantastico Sur)

- Refugio und Camping El Chileno
(bezahlter Campingplatz und Refugio von Fantastico Sur)

- Camping Torres
(kostenloser Campingplatz im Besitz der CONAF)

Der W-Trail von Osten aus:

Obwohl es weniger verbreitet ist, kannst du das W auch von Osten starten. Du steigst an der Haltestelle Laguna Amarga aus (die Busse verlassen Puerto Natales um 7.30 Uhr und kommen hier um 9.45 Uhr an), gehst zu Fuß oder nimmst den 15-minütigen Shuttle-Minibus (4.500 $ CLP / 6€) , der vom Hotel Las Torres zum Refugio und Camping Torres Central/Norte betrieben wird.

Ich habe den Trail von Ost nach West gemacht, da es mir von meinem Hostel empfohlen wurde. Der Vorteil: Du siehst das Highlight – die Türme – am Anfang, falls etwas unvorhergesehenes passiert (Wetter, Verletzungen, Proviant nicht ausreichend).

Einziger Nachteil: Du läufst gegen den Strom, was in der Hauptsaison im Sommer etwas nervig sein kann.

10.9 Kostenauflistung für den W-Trail

Ein Besuch des Torres del Paine schreckt viele ab, da sie mit hohen Kosten rechnen. Wenn du jedoch gut planst, kannst du auch mit kleinem Budget den Park besuchen. Hierbei ist natürlich die richtige Ausrüstung zu berücksichtigen, die du mitnehmen musst. (Zelt, Schlafsack etc.) Eine geführte Tour in den Park ist meiner Meinung nach reine Geldverschwendung. Das Trekking im Torres del Paine ist einfach und selbstständig machbar. Verwende das gesparte Geld lieber für gute Ausrüstung.

Bus von Puerto Natales -Torres del Paine......... 15.000 CLP (20 €)

Eintritt in den Park..................................... 21.000 CLP (28 €)

Fähre von der Puedeto de Paine Grande
Ranger Station (hin & zurück.........................28.000 CLP (37 €)

Grey Campingplatz..................................... 5.000 CLP (7 €)

Campingplatz Italiano...............................Kostenlos

Campingplatz Francés............................... 13.000 CLP (17 €)

Campingplatz Chileno............................... 13.000 CLP (17 €)

Essen & Trinken..30€

Gesamt   156 € pro Person

10.10 W-Trail Wanderung

TAG 1:
Puerto Natales -> Camping Las Torres

Nimm den Bus am Nachmittag um 14:30 Uhr in Puerto Natales. Schon auf dem Weg in Richtung des Parks bekommst du eine Vorstellung von der Schönheit dieser einzigartigen Landschaft. Gegen 17 Uhr kommst du im Park an. Vom Parkeingang (wo die Anmeldung erfolgt und du den Eintritt zahlst) geht es mit dem Bus zum Refugio Las Torres Norte. Am Camping Torre Central kannst du dein Zelt aufschlagen und Dir einen ersten Eindruck vom Park verschaffen. Packe dein Daypack für den nächsten Morgen.

Refugio und Camping Torre Central (Buchung bei Fantastico Sur)
Kosten für Camping mit eigener Ausrüstung p/P: 18€ (14.000 CLP), Dorm im Refugio p/P: 96€ (75.000 CLP)

TAG 2
Las Torres -> Miracor -> Las Torres
Entfernung: 16 Kilometer, 6 Stunden

Stehe früh (6:00 Uhr) auf und starte deine Wanderung. Dein schweres Gepäck lässt du auf dem Campingplatz.

Es geht vorbei am Hotel über eine Brücke. Von dort geht es rechts hoch und du folgst dem Weg (ca. 1,5 Std.) am Refugio El Chileno vorbei. Nach einer weiteren Stunde erreichst du die Abzweigung zum Mirador.

Der Weg geht nun steil bergauf auf einem steinigen Weg vorbei an riesigen Granitblöcken. Vorsicht, auf dem Geröll kann man leicht den Halt verlieren. Etwa 45 Minuten benötigst du bis zur Lagune am Fuß des Cerro Torres, von wo du eine spektakuläre Sicht auf die Türme hast – einer der schönsten Ausblicke in ganz Südamerika. Kaum vorstellbar, dass Bergsteiger dort hochkommen. Nach einer ordentlichen Ladung Torres mit hoffentlich gutem Wetter und vielen Fotos im Kasten kehre zurück zu deinem Zelt im Camping Torre Central.

Mein Tipp: Wenn du zum Sonnenaufgang an den Türmen sein möchtest, musst du um 4:00 Uhr aufstehen und natürlich Glück mit dem Wetter haben.

TAG 3:
Las Torres -> Italiano
Entfernung: 11 Km, 4-5 Std.

Heute steht eine lange, aber sehr schöne und nicht allzu schwere Wanderung auf dem Programm, zu der du früh aufbrechen solltest. Vom Camping Torre Central geht es entlang des türkisfarbenen Lago Nordenskjöld 11 km (ca. 5 Std.) bis ins Refugio Cuernos.

Wanderweg Richtung Cerro Torre

Blick auf den Cerro Torre

Dort kannst du kurz Rast machen, bevor es nochmal 1,5 Stunden und 5,5 Km weiter ins Campamento Italiano, dem Ausgangspunkt für die Wanderung ins Valle Frances, geht. Auch hier packe abends dein Daypack für den folgenden Tag.

TAG 4:
Italiano -> Mirador Britanico -> Italiano
Entfernung: 15 Km, 6-7 Std.

Am Camping Italiano kannst du schweres Gepäck zurück lassen und ins Valle Frances aufbrechen. Der Weg zum höchsten Aussichtspunkt (Mirador Britanico) ist sehr steinig und der Aufstieg dauert ca. 2,5 Std. Man hat einen fantastischen Blick auf den Paine Grande, dem grössten Berg im Nationalpark (3050m) mit seinen diversen Hängegletschern. Der bekannteste ist der Glaciar Frances.

Es ist ein beeindruckendes Schauspiel, wenn sich mächtige Eisplatten lösen und unter gewaltigem Donnern in die Tiefe stürzen. Mit ein wenig Glück begegnest du hier dem König der Lüfte, dem Kondor. Aber auch Pumas, patagonische Füchse und das seltene Huemul (Andenreh) sind hier beheimatet. Allerdings sind diese Tiere sehr scheu.

Den Abend verbringst du wieder im Campamento Italiano.

TAG 5:
Italiano -> Campamento Grey
Entfernung: 18,6 Km, 6 Std.

Early Bird Action ist angesagt. Heute steht nämlich die Königsetappe an – 18,6 Kilometer geht es in Richtung des Grey Gletschers. (ca. 6 Std.) Am Lago Skottsberg vorbei geht es zum Refugio Paine Grande und von dort entlang des Lago Grey zum gleichnamigen Campamento Grey. Stelle hier dein Zelt auf. Wenn du gegen Nachmittag ankommst und nach diesem langen Weg noch Kraft besitzt, kannst du mit deinem Tagesrucksack hoch zum Aussichtspunkt, wo du eine fantastische Sicht auf den Gletscher hast. (1,5 Std.)

Lago Skottsberg

Solltest du mehr Zeit zur Verfügung haben: In einer leichten Tagestour kannst du zum Campamento Paso laufen (4 Std.). Auf dem Weg dorthin hast du die eindrucksvollste Sicht auf den Grey Gletscher und das Südpatagonische Eisfeld. Du überquerst zwei größere Schluchten mit Hängebrücken. Der Hin- und Rückweg ist gut an einem Tag machbar, so dass du abends wieder zum Campamento Grey zurückkehren kannst.

TAG 6
Campamento Grey -> Refugio Paine Grande
Entfernung: 11 Kilometer, 3,5 - 4 Stunden

Heute ist der letzte Tag. Packe alles ein und kehre 11 Km zurück zum Refugio Paine Grande (3,5 Std.), wo du um 12:30 den Katamaran (18.000 CLP = ca. 25 €) über den Lago Pehoe nimmst. Wenn du früher dort bist, kannst du einen kleinen Abstecher zum Wasserfall Salto Grande unternehmen. Von der Guarderia Pudeto geht es mit dem Bus wieder zurück nach Puerto Natales.

10.11 O-Trail Wanderung

Der Rundweg im Torres del Paine Nationalpark, das sogenannte "O", ist eine Tour für den unerschrockenen Reisenden! Dies ist eine Wanderung, bei der du wirklich in der Natur und abseits der Massen unterwegs bist.

Bei der Entscheidung, welche Wanderung im Nationalpark (W oder O) unternommen werden soll, ist es wichtig, dass du deine körperlichen Fähigkeiten realistisch einschätzt.

Wie der Name schon sagt, ist das "O" ein Rundwanderweg. Das "O" beinhaltet den "W"-Weg und führt einmal gegen den Uhrzeigersinn um das Torres-Massiv herum zu einer langen Schleife - insgesamt 130 Kilometer lang. Du solltest also über die ausreichende Kondition verfügen.

Die meisten Leute absolvieren die Strecke in 7 Nächten und 8 Tagen. Wenn du es vorziehst, kürzere Trekking-Tage zu haben und es gemütlicher angehen zu lassen, sind 9-10 Tage perfekt.

TAG 1
Las Torres Hotel -> Serón Camp
Entfernung: 13 Kilometer, 4,5 - 5 Stunden

Von Puerto Natales kommend, erreichst nach einer zweistündigen Busfahrt den Eingang zum Nationalpark. Nach der bereits beschriebenen Prozedur (Eintritt, Belehrung) fahre mit dem Shuttle-Bus, der dich zum Las Torres Hotel bringt, wo die Wanderung beginnt.

Heute fängst du ab ca. 11:30 Uhr mit dem Trekking an, wenn du den Bus von Puerto Natales um 7:30 Uhr nimmst.

Der Weg ist 13 Kilometer lang und dauert ca. 5 Stunden, inklusive Fotostops.

Dies ist ein einfacher Trekking-Tag, perfekt, um sich an die Ausrüstung und das Gewicht auf dem Rücken zu gewöhnen. Wenn du gegen 16:00-16:30 Uhr im Lager ankommst, hast du noch genügend Tageslicht für den Aufbau deines Zeltes.

TAG 2
Serón Camp -> Camp Dickson
Entfernung: 19 Kilometer, 8 Stunden

Du verlässt das Lager durch Wiesen und kleine Hügel, bevor du zu einer ziemlich steilen Steigung kommst, die 100 Meter in die Höhe steigt. Weiter geht es auf einem schmalen Pfad am Berghang. Die Winde können hier sehr stark sein, also achte auf deinen Stand.

Du wanderst an einem wunderschönen See und Wasserfall vorbei, bevor du zur Coirón Ranger Station kommst, die auf halbem Weg der Tagesetappe liegt. Hier kannst du dich kurz erholen und etwas essen.

Von Coirón aus ist es ziemlich flach, bevor es einen letzten Aufstieg und dann einen Abstieg zum Dickson Camp gibt. Die jeweilige Wetterlage kann die Schwierigkeit der Wanderung beeinflussen. Bei Regen wird der Weg schnell matschig und du kommst langsamer voran.

Im Camp Dickson angekommen, wirst du mit einer fantastischen Aussicht auf die Berge begrüßt. Hinter dem Lager befindet sich ein Pfad, um den Lago Dickson und den Gletscher zu besuchen.

TAG 3
Camp Dickson -> Los Perros
Entfernung: 11 Kilometer, 6 Stunden

Dieser Tag führt dich zu malerischen Orten. Wenn du das Lager verlässt, geht es gleich wieder bergauf. Schaue hinter dich, denn du hast eine fantastische Sicht auf den Lago Dickson und das Valle Escondido mit seinen Gletschern.

Du kommst durch einen Wald, wo du eine ganze Weile wandern wirst. Nach einem weiteren Aufstieg kommst du zu einer Lichtung mit fantastischem Blick auf die Rückseite der Türme. Von hier aus wanderst du mit herrlichem Blick auf das Valle de los Perros. Entlang des Flußes und nach einem weiteren Aufstieg gelangst du zum Gletscher und See von Los Perros.

Du solltest relativ früh im Camp ankommen, damit du noch genügend Tageslicht hast, um dein Zelt aufzustellen. Los Perros ist von Bergen umgeben, so dass es hier bei Sonnenuntergang schnell dunkel wird.

Lago Dickson

TAG 4
Los Perros -> Paso
Entfernung: 8 Kilometer, 6 Stunden

Heute ist der Tag, an dem du über den John-Gardner-Pass auf 1.200 m Höhe wandern wirst. Du startest bei 600m, so dass der Höhenunterschied etwa 600m beträgt. Du musst gegen 7:00 Uhr aufbrechen, da sich das Wetter auf dem Pass im Handumdrehen ändern kann. Im Allgemeinen sind die Wetterbedingungen am Morgen besser.

Beginne den Aufstieg. Du gehst eine Weile durch den Wald, bevor du zu einem Gebiet mit Felsbrocken kommst. Von hier aus geht es noch höher, um den Sattel des Passes zu erreichen.

Beim letzten Aufstieg hast du einen fantastischen Blick auf die Berge und den Gletscher auf der rechten Seite.

Hoffentlich ist das Wetter auf deiner Seite, denn die Aussicht von der Passhöhe ist hervorragend. An einem sonnigen Tag wirst du vom riesigen Gletscher Grey begrüßt, der von zahlreichen schneebedeckten Bergen dominiert wird. Mache eine kurze Rast, bewundere das grandiose Panorama und schieße einige Bilder. Danach folgt ein schwerer, steiniger Abstieg, der auf die Knie gehen kann. Hier ist Vorsicht angesagt.

Du musst im Paso Camp einchecken und dein Zelt aufstellen. Vorsicht vor den frechen Füchsen hier. Sie sind süß, aber stehlen Essen und Schuhe.

<u>TAG 5</u>
Paso -> Paine Grande
Entfernung: 18 Kilometer, 8 Stunden (9, 5 Stunden inklusive Grey Gletscher Aussichtspunkt)

Ein langer Wandertag steht bevor. Vom Paso Camp aus hast du einen fantastischen Blick und Aussichtspunkt auf den Grey Gletscher und die Berge. Stoppe für ein paar Fotos und mache weiter. Auf dieser Wanderung gibt es viele Steigungen, bevor es hinunter in den Wald geht. Überquere den Fluss und steige eine Leiter hinauf, um den Trail fortzusetzen.

Nach einer kurzen Wanderung durch den Wald kommst du zu einem Schild mit dem Hinweis Mirador Glaciar Grey.

Lass deinen Rucksack hier am Schild zurück und gehe ca. 5 Minuten durch den kleinen Weg nach oben (bring etwas Warmes zum Anziehen mit). Hier siehst du auf die Vorderseite des Gletschers und kannst imposante Fotos machen.

Wenn du deinen Weg fortsetzt, kommst du an zwei Hängebrücken an. Wenn du Höhenangst hast, könnte das für dich etwas schwierig sein. Die höchste und längste Brücke ist 80 m hoch und 50 m lang. Wenn es windig ist, dann halte dich gut fest und sei besonders vorsichtig.

Nach der Brücke gehst du für eine Weile durch den Wald. Schließlich kommst du zu einem weiteren Mirador vom Grey Gletscher. Ich empfehle dir, den Weg (ca. 15 Minuten) zum Aussichtspunkt zu gehen. Wenn du Glück hast, kannst du sehen, wie ein Teil des Gletschers abbricht und mit viel Getöse ins Wasser fällt.

Wenn du im Grey Camp übernachtest, bau zuerst dein Zelt auf und geh anschließend den Aussichtspunkt besuchen. Wenn du weiter nach Paine Grande gehst, kannst du deine Rucksäcke entweder am Eingang des Miradors lassen oder sie mitnehmen.

Es sind 4 - 5 Stunden vom Paso Camp zum Grey Camp. Vom Grey Camp bis Paine Grande sind es noch mal etwa 4 Stunden. Du kannst also, je nachdem wieviel Zeit dir zur Verfügung steht, entscheiden, in welchem Camp du übernachtest.

Nach dem Mirador Grey bist du nun auf dem "W"-Teil der Wanderung. Du wirst es anhand der Mehrzahl an Wanderern bemerken.

Vom Grey Camp bis Paine Grande hast du noch ein paar ziemlich steile Anstiege und einen Blick auf den Lago Grey, Wasserfälle und schneebedeckte Berge. Fahre nun in umgekehrter Reihenfolge bei S.151 fort.

11
ÜBERNACHTUNGS-MÖGLICHKEITEN IN PATAGONIEN

Wenn ich nach Patagonien reise, buche ich meine Unterkünfte in der Regel über Booking.com, da sie über eine umfangreiche Auswahl verfügen und die Stornierungsbedingungen sehr kulant sind, falls sich die Reisepläne ändern.

Wenn du in Patagonien mit dem Rucksack unterwegs bist, möchtest du wahrscheinlich deine Pläne flexibel gestalten. Es ist zwar mühseliger, aber möglich, auch direkt vor Ort eine Unterkunft zu finden. In touristischen Städten wie Coyhaique, El Calafate oder Puerto Natales findest du meist noch einen freien Schlafplatz. Die Touristeninformationen der jeweiligen Orte sind ein ein guter Anlaufpunkt. Trotzdem rate ich dir zur Vorausbuchung.

Eine andere Möglichkeit ist die Suche nach einer Unterkunft auf Google Maps. Bei dieser Form der Buchung musst du die Unterkünfte telefonisch kontaktieren und solltest spanisch sprechen können. Bei einigen findest du jedoch auch die Webseite. In der Hauptsaison würde ich empfehlen, mindestens eine Woche im Voraus zu reservieren.

11.1 Camping

Camping ist bei argentinischen und chilenischen Touristen sehr beliebt, so dass du überall in Patagonien verteilt Campingplätze findest. Wenn du in Patagonien Backpacking machst, ist dies die günstigste Option zum Übernachten.

Die meisten Einrichtungen haben Duschen , Wasserhähne mit sauberem Wasser und, das Wichtigste (zumindest für die Einheimischen), Grillplätze. Die meisten Nationalparks in Chile und Argentinien besitzen auch Campingplätze, obwohl die Qualität der Angebote stark schwankt.

Die Preise beginnen meist bei 5.000 $ CLP (8 $ USD). Du kannst in Patagonien und besonders auf der chilenischen Seite wild campen. Du solltest aber unbedingt um Erlaubnis fragen, wenn du dich offensichtlich auf dem Land von jemandem befindest. Nimm deinen Müll mit und respektiere die Natur.

In Argentinien bedeutet die exponierte Natur der Pampa, dass es für dein Zelt sehr wenig Schutz vor dem Wind gibt. Wichtig ist ein gutes Zelt, das leicht genug ist, um mehrtägige Wanderungen zu überstehen und starke Winde bis 120 Km/h aushält. Ebenso wichtig ist ein Schlafsack, der auch bei niedrigen Temperaturen warm hält. Es gibt nichts schlimmeres, als nach einem langen Wandertag frierend im Zelt zu liegen.

11.2 Hostales & Residenciales

Hostales und Residenciales sind einige der häufigsten Unterkunftsarten in Patagonien, obwohl du vielleicht noch nie von ihnen gehört hast.

Hostal meint nicht das, was wir ein" Hostel" nennen würden, da es in der Regel keine Dorms gibt. Die meisten haben Einze - oder Doppelzimmer, oft mit eigenem Bad, und mit Zugang zu Gemeinschaftsräumen und gelegentlich einer Küche. Das Frühstück ist in der Regel auch im Preis inbegriffen.

Eine Residenciales ist ähnlich, aber häufig im Haus des Besitzers und mit einfacher Ausstattung.

Zimmer in Hostals oder Residenciales gibt es oft schon ab 10000 $ CLP. Die meisten Anbieter haben keine Internetpräsenz noch sind die auf den bekannten Buchungsportalen zu finden. Sie sind eher geeignet, um eine Unterkunft vor Ort zu finden. Die Touristeninformationen haben häufig ein Verzeichnis. Ansonsten - wenn du ein Schild siehst - einfach klingeln und fragen.

11.3 Cabañas

Unter Chilenen und Argentiniern sind Cabañas (Kabinen) eine beliebte Wahl bei der Unterkunft.

Cabañas sind normalerweise einfache Holzkonstruktionen, bestehend aus zwei oder drei Schlafzimmern (sie sind für große chilenische oder argentinische Familien gedacht), mit einem privaten Badezimmer, einem Wohnzimmer und einer gut ausgestatteten Küche. Für eine Kabine für vier Personen kannst du zwischen 40.000 CLP (50 €) und 80.000 CLP (105 €) einplanen. Sie sind für größere Gruppen gut geeignet. In der Nebensaison kannst du versuchen, einen günstigeren Preis auszuhandeln.

Du kannst einige Cabañas bei Booking.com finden, günstiger sind sie jedoch meist vor Ort. Eine gute Informationsquelle sind die Touristeninformationen der jeweiligen Städte.

11.4 Hostels

Hostels gibt es in ganz Patagonien, allerdings vor allem in den größeren Städten. Viele Hostels in Patagonien haben einen sehr guten Standard. Du kannst mit 8000 - 14.000 $ CLP (10 - 18 €) für ein Bett im Dorm rechnen. Private Zimmer starten durchschnittlich bei 25.000 $ CLP (40 $ USD).

Hostels in Patagonien werden in der Hochsaison am besten im Voraus gebucht. Booking.com ist auch hier eine gute Anlaufstelle.

11.5 B&B & Hotels

In Patagonien gibt es eine Vielzahl von immer komfortableren B&Bs und Hotels mit bis zu fünf Sternen

B&Bs und andere kleine Pensionen beginnen bei 30.000 $ CLP (40 €) für ein Doppelzimmer, während die Preise für Hotels je nach Standard nach oben offen sind.

Selbst wenn du nur einen kurzen Aufenthalt in Patagonien planst, solltest du in der Hochsaison Hotels in Patagonien einige Wochen im Voraus buchen, vor allem für Januar und Februar. Auch hier findest du die größte Auswahl auf Booking.com.

11.6. Lodges

Abgelegene, hochpreisige Unterkünfte sind in Patagonien zu einem neuen Trend geworden und bieten oft die exklusivste, luxuriöseste Unterkunft und Betreuung. Lodges wie Explora, Tierra Patagonia und Awasi (alle im Torres del Paine Nationalpark) bieten einen kompletten Service von Flughafentransfer, All-Inclusive-, Touren und privaten Reiseleitern. Das kostet natürlich entsprechend und die Preise starten bei happigen 600 € die Nacht.

12
VERPFLEGUNG IN PATAGONIEN

Lebensmittel in Patagonien sind teuer, da sie unter teilweise schwierigen Bedingungen aus dem Norden beider Länder importiert werden müssen. Du musst damit rechnen, dass Lebensmittel ca. 30% mehr kosten als in anderen Teilen der beiden Länder.

12.1 Supermärkte in Patagonien

Frisches Obst, Gemüse und andere Waren erhältst du in Supermärkten wie Unimarc (Chile) oder La Anónima (Argentinien) in allen größeren Städten. Das vielfältigste Angebot und die besten Preise findest du in Punta Arenas und Coyhaique (und Puerto Montt, bevor du nach Patagonien kommst) auf der chilenischen Seite und in Ushuaia, El Calafate und Bariloche auf der argentinischen Seite. Große Supermärkte akzeptieren in der Regel immer Debit- und Kreditkarten und sind normalerweise jeden Tag der Woche bis 21.00 oder 22.00 Uhr geöffnet.

Für den Besuch von Orten wie Puerto Natales oder El Chaltén solltest du vorher deine Vorräte aufstocken (in Punta Arenas bzw. El Calafate). In kleineren Städten, wie z.B. entlang der Carretera Austral, findest du hauptsächlich kleine Geschäfte mit Konserven, Brot, etwas Fleisch und Käse, aber du wirst Schwierigkeiten haben, frisches Obst und Gemüse zu finden. Die Preise sind auch deutlich teurer als in größeren Supermärkten.

12.2 Selbstuerpflegung

Wenn du die Kosten für deine Reise nach Patagonien niedrig halten willst, ist Selbstversorgung der einfachste Weg. Wie ich bereits erwähnt habe, kannst du dich in größeren Städten und Gemeinden mit Lebensmitteln eindecken.

Leider ist der Zugang zur Küche nicht bei allen Unterkünften selbstverständlich. Daher würde ich empfehlen, dies vor der Buchung zu überprüfen.

Auf den Campingplätzen gibt es gelegentlich Kochmöglichkeiten, aber das ist nicht die Regel; bringe daher dein eigenes Kochgeschirr und einen Gaskocher mit.

Denke daran, dass du von Argentinien aus nicht mit frischem Obst, Gemüse oder tierischen Produkten nach Chile einreisen kannst.

12.3 Restaurants in Patagonien

Ein Essen mit langsam gebratenem patagonischem Lamm oder einem perfekten Steak ist das ultimative patagonische Esserlebnis, allerdings mit hohen Kosten verbunden.

Die Preise der Restaurants sind ähnlich wie in Santiago und Buenos Aires, obwohl die Qualität oft schlechter ist.

Es ist in Patagonien nicht ungewöhnlich, 8-12.000 CLP (10-15 €) für ein Hauptgericht in einem mittelpreisigen Restaurant auszugeben.

Günstige Restaurants mit Almuerzo oder Menu del dia (Mittagsmenü, in der Regel zwei- oder dreigängig plus Getränk) gibt es jedoch oft für 5-7 €. Empanadas sind ein günstiger Snack und in Argentinien und Chile für rund 1,20 € zu bekommen.

13
GELD & GELDWECHSEL

Stelle sicher, dass du einen angemessenen Wechselkurs bekommst und Geld abhebst, bevor du nach Patagonien fährst. Geld zu beschaffen kann in Patagonien ein Problem sein, vor allem in Argentinien.

12.1 Geldautomaten in Patagonien

Du wirst schnell feststellen, dass es echt nervig werden kann, Geld aus Geldautomaten zu bekommen. Da viele Orte abgelegen liegen, werden die Geldautomaten unregelmäßiger bestückt und es kommt vor, dass du kein Geld mehr bekommst. Versuche in den touristischen Orten möglichst früh am Morgen Geld abzuheben, da die Automaten am Nachmittag schon wieder leer sein können. Führe also immer ausreichend Bargeld bei dir.

Im argentinischen Teil Patagoniens gibt es bei Abhebungen eine feste Gebühr von 220 $ ARS (ca. 5€, je nach Wechselkurs) Am Geldautomat liegt das Limit einer Abhebung bei 2.400 $ ARS (ca. 56 €), was den gesamten Prozess außergewöhnlich teuer macht, wenn du häufiger Bargeld benötigst.

In Chile kann die Auszahlung von Bargeld auch kostspielig sein. Die meisten Banken berechnen für die Nutzung des Geldautomaten zwischen 4500 CLP (ca. 6 €) und 6000 CLP (7,80 €). Du kannst jedoch einen Höchstbetrag von 200.000 CLP (260 €) abheben.

12.2 Geldwechsel in Patagonien

Während die Tage des "blue Dollar" längst vorbei sind (als man in Argentinien auf dem Schwarzmarkt bis zu 40% mehr Geld bekam als mit dem offiziellen Kurs), ist Patagonien immer noch ein guter Ort, um Dollar zum Tausch mitzunehmen.

Die Region ist ausgesprochen sicher, so dass du dir keinerlei Sorgen um das Mitführen von Bargeld machen musst. Viele Hotels und sogar Reisebüros auf beiden Seiten der Grenze bieten sogar Rabatte an, wenn du in Dollar bezahlst.

Dies gilt insbesondere für das chilenische Patagonien und Chile im Allgemeinen, wo Ausländer ohnehin eine Steuerermäßigung von 19% erhalten.

Du kannst dein Geld in Banken, Hotels oder Wechselstuben (bekannt als "Casa de Cambios") umtauschen, wobei Wechselstuben den besten Kurs bieten. Es gibt viele Casa de Cambios in den größeren Städten Patagoniens (Bariloche, Coyhaique, El Calafate, Punta Arenas und Puerto Natales).

14
PACKLISTE FÜR PATAGONIEN

Die Anforderungen an Reisende und Ihre Ausrüstung sind in Patagonien aufgrund des rauen Klimas und den ständig wechselnden Wetterbedingungen höher als in anderen Teilen Südamerikas. An einem Tag alle 4 Jahreszeiten zu erleben ist keine Seltenheit. Wichtig bei der Ausrüstung ist gute Qualität, kleines Packmaß und geringes Gewicht.

Diese Liste basiert auf meinen persönlichen Erfahrungen vom Trekking in Patagonien. Ich war mehrmals im Torres del Paine Nationalpark und in der Region Aysén unterwegs. Wie immer gilt beim Packen: Weniger ist mehr – Unnötiges weglassen. Durch die langen Strecken mit teils unwegsamen und steilem Gelände bist du froh über jedes gesparte Kilo. Here we go:

13.1 Trekkingausrüstung

Rucksack
Ich benutze für meine Reisen nach Patagonien den Osprey Kestrel 48. Dieser ist mit 48L meiner Meinung nach die ideale Verbindung aus Größe und Qualität. Achtet bei der Wahl des Rucksacks besonders auf den Tragekomfort und die Belastbarkeit. Wichtig sind auch viele Möglichkeiten wie Ösen oder Schlaufen zum Befestigen von Utensilien am Rucksack. Mit billigen, qualitativ minderwertigen Rucksäcken wirst du nicht lange Freude haben. Gute Alternativen sind der Deuter Futura oder der Lowe Alpin Air Zone 45

Rucksackschutz
Regen ist allgegenwärtig in Patagonien. Daher ist ein Regenschutz für deinen Rucksack unerlässlich!

Schlafsack & Schlafen
Da die Nächte in Patagonien auch im Sommer den Gefrierpunkt erreichen, solltest du bei der Wahl des Schlafsacks keine Kompromisse eingehen und auch hier auf Qualität Wert legen! Es gibt nichts schlimmeres, als nach einem langen Trekkingtag die Nacht frierend zu verbringen. Meine Wahl fiel auf den Sea to Summit Spark, da dieser bis 0 Grad sehr guten Wärmekomfort bietet und mit unter 1 Kg Gewicht und kleinem Packmaß besticht.
Für mehr Schlafkomfort bietet sich ein leichtes, komprimierbares Kissen an.

Isomatte
Wie man sich bettet, so schläft man. Nach mehr als 20 Jahren Camping und Trekkingerfahrung kann ich behaupten, das eine gute Isomatte Gold wert ist. Ich nutze schon seit einigen Jahren das bequeme Outdoorer Trek Bed, das selbstaufblasend ist und durch sein geringes Packmaß besticht.

Zelt
Ein Zelt muss in Patagonien sowohl großen Windstärken als auch starken Regenfällen standhalten. Außerdem muss es so gepackt sein, das es gut im oder am Rucksack transportiert werden kann.

Diese Anforderungen erfüllt das Nordisk Telemark mit nur einem Kilo Gewicht und geringen Packmaßen perfekt.

Auf das Zelt kannst du verzichten, wenn du genau weißt, welche Strecken du machen möchtest und die entsprechende Infrastruktur vorhanden ist. Im Torres del Paine Nationalpark gibt es (teure) Refugios, die allerdings in der Hauptsaison schnell ausgebucht sind und im Voraus reserviert werden müssen. In Puerto Natales kannst du bei Rent Natales Ausrüstung ausleihen, was dein Reisegewicht um einiges verringern wird. Viele Hostels in Patagonien lagern dein Gepäck auch ein, bis du von deiner Tour zurück kommt.

Trekkingstöcke
Zu Stöcken gibt es geteilte Meinungen. Ich benutze welche und bin gerade bei steilen Abstiegen froh, das Gewicht auf meinem Rücken und mich entlasten zu können. Daher kommen meine Leki Trekkingstöcke immer mit nach Patagonien.

Stirnlampe
z.B. von Petzl – praktisch bei einbrechender Dunkelheit und abends / nachts auf dem Zeltplatz

Taschenmesser oder Multifunktionstool
Ich nehme seit Jahren mein gutes altes Schweizer Taschenmesser mit.

13.2. Kleidung

Bei der Kleidung auf langen Wanderungen ist darauf zu achten, dass die Textilien alle atmungsaktiv und schnelltrocknend sind. Beim Tragen der Kleidung ist das sogenannte Zwiebel Prinzip hilfreich – mehrere Schichten, die je nach klimatischen Bedingungen an- oder ausgezogen werden können. Diese Liste ist für den patagonischen Sommer gedacht:

- *Trekkingschuhe,* achte auf gutes Fußbett, Dämpfung und das die Schuhe wasserdicht sind.
- *Hardshelljacke* z.b. Northface Stratos
- *Fleecejacke*, z.B. von Quechua (meine Lieblingsmarke für´s Trekking, klasse Qualität und günstiger Preis)
- *Outdoorhose* – hier achte ich immer darauf, das sie auch zu einer kurzer Hose umfunktioniert werden kann. Sehr praktisch bei wärmeren Temperaturen. Ich nehme aus Platzgründen nur zwei Hosen mit, was meiner Meinung nach völlig ausreicht. Ich bin mit der Vaude Farley sehr zufrieden, da sie auch wasserabweisend ist.
- 4x langärmlige *Funktionsshirts* (Vorteil: einfach hochkrempeln, wenn es mal zu warm werden sollte)
- *Unterwäsche* nach Bedarf (lange Unterhosen sind empfehlenswert und angenehmer bei Nacht)
- *Handschuhe*

- 3 Paar Wandersocken
- *Mütze*
- *Sonnenbrille* mit UV Schutz

Ich benutze zudem Vakuumbeutel. Hiermit kannst du den Platz in deinem Rucksack um ein vielfaches erhöhen und deine Kleidung ist gut gegen Feuchtigkeit geschützt!

13.3 Versorgung

Dieses Unterkapitel ist für diejenigen, die mehrtägige Touren machen oder auf Campingplätzen übernachten möchten.

- Leichtes *Kochgeschirr* aus Aluminium (Mir reicht ein Topf, in dem ich das Essen sowohl warm mache als auch esse)
- *Besteck aus Aluminium (ein Löffel reicht in der Regel)*
- *Gaskocher* für Gaskartuschen
- 2x *Gaskartuschen* (diese kannst du Dir direkt vor Ort, z.B. in Puerto Natales oder El Calafate, besorgen.

- *Trinkflasche oder einen dieser genialen Rucksäcke mit Trinksystemen.* Ich benutze den Trinkrucksack von Source.

Zum Essen bieten sich *Müsliriegel, Trockenobst, Nudeln, Reis und Tütensuppen* an. Eine kleine Flasche Ketchup macht das Festmahl mit den Nudeln perfekt und dein Kohlenhydrate Haushalt wird nach den Touren wieder aufgefüllt. Vermeide Dosen, da Sie viel Gewicht mit sich bringen.

13.4 Hygiene & Reiseapotheke

Halte auch hier Dein Reisegepäck möglichst schlank. Make-Up und wohlriechende Düfte sind bei einer Reise durch Patagonien eher zweitrangig.

- *Duschgel & Shampoo* oder 2 in 1
- *Zahnbürste und Zahnpasta*
- *Handwaschmittel* – gibts auch als Reisegröße in Drogerien
- *Reisehandtuch* aus Microfaser, schnelltrocknend
- *Erste Hilfe Kit*
- *Reiseapotheke* bestehend aus Tabletten gegen Schmerzen & Durchfall, Wund- & Heilsalbe, Verbände & Pflaster, Magnesium-Tabletten
- *Sonnenschutz* LSF 50 ist in Patagonien zwingend erforderlich, da du nahe am Ozonloch bist und die UV Werte oft über dem kritischen Wert liegen.

13.5 Technik

- *Kamera oder Actioncam*
- *wasserfester Kameraschutz*
- *zusätzliche Speicherkarten*
- *Ladegeräte*
- *Powerbank*
- *Ersatzakkus*
- *Ein Tripod für wackelfreie Aufnahmen.*
- *Smartphone*
- *Reisestecker*

13.5 Wichtige Dokumente

- *Reisepass & Kopie*
- *Kreditkarten*
- *Versicherungsunterlagen*
- *Notfall-Nummern einspeichern (z.b. 116 116 für Kartenverlust)*
- *Flugtickets*
- *Reservierungsbestätigungen für Torres del Paine*

Mein Tipp: Mache Kopien von allen wichtigen Dokumenten und speichere sie bei einem File-Hosting Dienst wie Google Drive oder Dropbox.

Was du NICHT mitbringen solltest:

1. Sperrige Gegenstände - Wenn du campst, verzichte auf sperrige Dinge wie Wurfzelte oder klobige Schlafsäcke. Es gibt mittlerweile viele komprimierbare Optionen, die dir enorm viel Platz und Gewicht sparen.

2. Baumwollkleidung - Synthetische Stoffe, atmungsaktiv und schnell trocknend, sind für Outdooraktivitäten wesentlich besser geeignet.

3. Jeans - Denimstoff und sportliche Anstrengungen passen einfach nicht zusammen.

4. Alles was weiß ist - Es wird auf deiner Reise mit Sicherheit mal nass und matschig werden. Da scheiden weiße Klamotten definitiv aus.

5. Turn- oder Leinenschuhe - Tu deinen Füßen einen Gefallen und besorge dir vernünftige Trekkingschuhe, die gedämpft und wasserabweisend sind. Eine Wanderung in Chucks mit nassen Füßen macht nicht allzu lange Freude.

6. Rollkoffer - Ok, eigentlich logisch, aber ich habe es selbst schon gesehen. Wenn du keinen anständigen Rucksack hast, besorge dir vor der Reise einen.

Interessante Links zu Patagonien:

www.southtraveler.de
Auf meinem Blog findest du viele Beiträge und Inspiration zu Südamerika und natürlich Patagonien

www.trekking-chile.com
Hier findest du viele ausführlich beschriebene Wanderungen in Chile & Patagonien.

www.elchalten.com
Guide für Wanderungen rund um die Stadt El Chaltén in Argentinien.

www.wikiexplora.com
Das Wiki für Wanderungen in Südamerika & Patagonien mit unzähligen Wanderungen.

www.conaf.cl
Die Webseite der chilenischen Forstbehörde bietet allerlei Informationen rund um die Nationalparks.

www.argentina.travel
Auf der Seite der argentinischen Tourismusbehörde erfährst du einiges über die argentinische Seite Patagoniens.

Impressum

Daniel Tischer
Wiesenstr. 1b
65597 Hünfelden

© 2019 Daniel Tischer

www.southtraveler.de
daniel@southtraveler.de

Alle Rechte vorbehalten, insbesondere das Recht auf Vervielfältigung, Verbreitung oder Übersetzung. Dieser Guide darf ohne ausdrückliche Genehmigung des Autors reproduziert oder unter Verwendung elektronischer Systeme verarbeitet, vervielfältigt oder verbreitet werden.

Fotos, soweit nicht anders angegeben: Daniel Tischer

Hinweis zu Affiliate-Links (Empfehlungslinks)

Dieses Buch enthält Empfehlungslinks. Wenn du über diese Links etwas kaufst oder buchst, erhalte ich eine Provision. Der Preis ändert sich dadurch für dich nicht.

Bildverzeichnis

Titelbild: Diego Jimenez | Unsplash
S. 48: Roi Dimor | Unsplash
S. 127: LMspencer | Adobe Stock
S. 139: JeremyRichards | Adobe Stock
S. 142: silver-john | Adobe Stock
S. 156 links oben: Mark | Adobe Stock
S. 160 links unten: Galyna Andrushko | Adobe Stock

Milton Keynes UK
Ingram Content Group UK Ltd.
UKHW051154111223
434150UK00010B/104